03

공이란 무엇인가

개념어총서 WHAT 003
공空이란 무엇인가

초판 1쇄 발행 _ 2009년 11월 10일
초판 4쇄 발행 _ 2014년 4월 25일

지은이 _ 김영진

펴낸이 _ 노수준, 박순기
펴낸곳 _ (주)그린비출판사 | 등록번호 _ 제313-1990-32호
주소 _ 서울시 마포구 동교로17길 7, 4층(서교동, 은혜빌딩)
전화 _ 702-2717 | 팩스 _ 703-0272

Copyright ⓒ 2009 김영진
저작권자와의 협의에 따라 인지는 생략했습니다. 이 책은 지은이와 그린비의 독점 계약에 의해 출간되었으므로 무단전재와 무단복제를 금합니다.
책값은 뒤표지에 있습니다. 잘못 만들어진 책은 서점에서 바꿔 드립니다.

ISBN 978-89-7682-334-2 04100 978-89-7682-331-1(세트)
이 도서의 국립중앙도서관 출판시도서목록(e-CIP)은 e-CIP 홈페이지(http://www.nl.go.kr/ecip)에서 이용하실 수 있습니다.(CIP제어번호:CIP2009003319)

그린비출판사 나를 바꾸는 책, 세상을 바꾸는 책
홈페이지 _ www.greenbee.co.kr | 전자우편 _ editor@greenbee.co.kr

개념어총서
—
003
공空

지은이
김영진

그린비

• 머리말

공空은 대승불교의 한 개념이다. 우리는 '색즉시공'이라는 말에서 이 개념을 어렴풋하게 들어 보았다. 하지만 여기까지였다. 그저 아리송한 개념의 대명사처럼 그것을 취급했고, 고승의 말씀처럼 그것에 심오한 뜻이 있겠거니 넘겨짚었다. 죽은 자를 보내는 자리에서도 이 말은 향 연기와 함께 공중에 흩어진다. 새벽 절간에서 산 자의 하루를 깨울 때도 법당 가득 이 말은 울려 퍼진다. 공 개념은 이렇게 여러 곳에 등장하지만 의미는 늘 저만치 있다. 대단히 철학적으로 보이다가도 느닷없이 일상으로 밀고 들어온다. 그래서 종잡을 수가 없다.

불교는 어떤 종교이고 어떤 철학인가. 불교는 처음부터 세계를 해석하려 들지 않았다. 붓다가 보였듯 불교는 인간이 삶에서 겪는 고통, 상처, 혼란 등을 극복하고자 노력했다. 이것이 불교의 지향이다. 불교에서는 한 인간이 팔다리를 자유롭게 움직인다고 해서 그가 자유롭다고 생각하지 않는다. 여러 면에서 우리는 갇힌 존재라고 말한다. 나의 사고에 갇히고, 나의 습속에 갇히고, 나의 감정에 갇힌다. 불교는 우리가 저런 것들에 속박되는 까닭은 실체론적 기대 때문이라고 말한다. 연기법이나 공은 모두 이런 잘못된 시선을 교정하려는 의도를 가지고 있다.

이렇게 말하면 인간의 고통이나 속박이 꼭 개인의 문제냐고 예리한 지적을 하는 사람도 있을 테다. 맞는 말이다. 문자 메시지로 해고 통고 받는 순간 푸른 하늘은 칠흑 같은 어둠이다. 이때 어느 누구도 연기법이나 공의 도리가 그를 복직시킬 수 있으리라 기대하지 않는다. 얼마나 무기력한가. 불교가 평화를 사랑한다지만 아랍의 도심 위로 쏟아지는 포탄을 꽃비로 만들 재간은 없다. 저 포탄이 저 미사일이 진정 공空하여 아이들의 사지를 찢지 않았으면 좋으련만 그런 일은 없다. 값비싼 무기는 어김없이 값어치를 한다.

공 개념은 '모든 존재자는 서로 의존해서 발생한다'는 연기緣起법을 기반으로 해서 출현했다. 연기법에 따르면 어떤 존재자도 혼자만으로 존재할 수 없다. 이것은 일종의 실체론 비판이라고 할 수 있다. 실체substance는 '존재를 위해서 자신 외에는 필요하지 않는 것'으로 정의된다. 대승불교에서는 연기법에 입각하여 이런 실체가 존재하지 않는다는 의미에서 "모든 존재자는 공하다"고 말한다.

그런데 이 말은 세상에서 버젓이 일어나는 일을 두고 그런 일 없다고 억지 부리는 게 아니다. 공 개념은 감각의 무능력을 조장하려는 게 아니라 감각의 과장이나 감정의 파괴 행위를 막으려 한다. 실직 통고 받고 세상이 끝난 것 같지만 그렇다고 진짜 세상을 끝내면 실직은 우리의 목숨을 거두는 신이 되고 만다. 이렇게 실직이 형이상학적 실체가 된다. 불교에서 반대하는 실체론적 사고는 이런 거다.

공 개념은 한 사건이 그것으로 종말이 아님을 알린다. 또한 그 사건이 우리 삶에서 행하는 월권행위를 비판한다. 불교에서 사실대로 본다는 것은 그 사건 만큼만 본다는 의미다. 거기에 과장된 기대를 주입하면 이제 사실은 부재한다. 아들의 죽음에서 죽음만큼 보는 건 쉽지 않다. 자칫 죽음은 사라지고 감정의 몰락만 있다. 죽음이 죽음을 몰고 다시 당도했다. 불교에서는 이런 행위를 집착이라고 말한다. 공 개념은 어떤 사건도 열려 있음을 말한다. 숱한 갈래에 놓여 있음이다. 이렇게 보면 사건은 종말이 아니라 시작이다. 모든 존재자가 공하다는 이야기가 비록 희망의 메시지는 아니지만 그렇다고 절망의 선고가 아님도 분명하다.

공은 불교라는 종교 전통에서 출현한 개념이기에 불교가 견지하는 종교적 입장을 저버릴 수 없다. 그 입장은 앞서 말한 고통의 극복이다. 요즘 말로 거창하게 말하면 종교적 구원이다. 하지만 이것만 있지 않다. 공 개념을 이야기할 때는 대부분 철학적인 논의로

일관된다. 이 책도 그렇다. 난해해 보이는 이런 논의 속에서 곧잘 공 개념이 품은 종교적 이상을 놓친다. 이렇게 되면 하나 마나 한 이야기가 되고 만다. 우리는 공 개념에서 삶을 개척하겠다는 불교인들의 불굴의 의지를 엿보아야 한다. 공이라는 독특한 개념은 또한 독특한 삶의 방식을 원한다. 공은 세계를 대하는 태도이기에 그것은 삶의 방식임을 명심해야 한다. 물론 쉽기야 하겠나.

이 책이 많은 분량은 아니지만 내용이 생소한지라 읽는 사람은 길다고 느낄 수도 있겠다. 하기야 이 정도 분량인데도 맞추기가 힘들었다. 불교를 공부하고 강의하는 필자 같은 사람은 불교가 어렵다는 이야기를 들으면 경기驚氣한다. 어떻게 해도 불교를 말할 수 없지 않을까 하는 두려움 때문이다. 공空 같은 불교 개념을 차마 쉽다고 말하지는 못하겠지만 그렇다고 이해하지 못할 만큼 어렵지는 않다. 어디 카페 같은 데 가서 천천히 읽어 보면 꽤 이해할 수 있을 거라고 감히 기대한다. 그 개념을 창안하고 연구한 천 수백 년 전 학자들의 노고를 조금은 생각하자. 그래서 천천히 읽자.

그리고 한 가지 밝히고 싶은 점이 있다. 필자는 공사상을 전공하지 않는다. 수년 전부터 공사상의 핵심 텍스트인 『중론』을 친구들과 읽었다. 때론 어디 가서 멋쩍게 강의도 했다. 주제넘은 짓 같았지만 재밌고 좋아서 그냥 했다. 이런 『중론』 공부가 가능했던 것은 국내에 관련 연구 성과가 꽤 있었기 때문이다. 직접 가르침을 받은 적은 없지만 책으로 배운 김성철 선생님께 특히 감사한다. 선생님의 책과 논문이 이 책을 쓰는 데 많은 도움이 됐다. 아울러 『중론』을 함께 공부한 친구들과 강의 시간 함께했던 이들에게도 감사한다. 집필의 기회를 준 그린비출판사에게도 감사한다.

2009년 가을

김영진

C◯NT

목차
—

공空

1.
사물은 어떻게 존재하나
삼장법사와 손오공 —014
본질 없음의 본질 —019
나가르주나와 『중론』 —025
형이상학의 수렁 —031

2.
공은 무엇이 아닌가
여덟 가지 부정 —038
『중론』의 변증법 —043
존재와 비존재 —048
색즉시공 —055

3.
가는 놈은 가지 않는다
탄생의 비밀 —062
무상과 공 —067
가는 놈은 가지 않는다 —073
과거·현재·미래의 몰락 —078

4.
언어로 무엇을 할 수 있나
주어와 술어 —086
언어도단 —092
선불교의 언어 —097
공은 신비주의인가 —103

5.
공으로도 윤리를 말한다
두 가지 진리 —110
공의 실천 —116
바라밀 수행과 무아윤리 —121
죽음도 허무하지 아니한가? —127

| 일러두기 |

1 본서에서는 공 개념을 설명하기 위해서 고대 인도의 불교사상가인 나가르주나의 『중론』을 적극적으로 이용했다. 인용된 『중론』은 주로 김성철 옮김, 『중론』(경서원, 1993)을 참고했다. 그러나 이 책의 번역을 그대로 따르지는 않았고 문맥에 따라 필자가 다소 가감해서 사용했다. 산스크리트본 번역은 직접 번역이 아니고, 김성철 번역본과 프레드릭 스트렝, 남수영 옮김, 『용수의 공사상 연구』(시공사, 1999)의 부록에 실린 『중송』 번역을 주로 참고했다.

2 나가르주나의 『중론』은 전체 27품(品)이고 450여 개 게송으로 구성되어 있다. 각 품은 당시 논의되던 불교의 주요 개념과 철학 주제를 다룬다. 나가르주나는 이 과정에서 기존 개념들을 운용하면서 범한 오류를 들추어내고 결국 그것을 해체한다. 모든 존재나 개념이 사실은 공하다고 역설한다. 『중론』은 대승불교의 공사상을 이해하는 데 가장 중요한 문헌이다. 동아시아불교에서 주로 이용한 『중론』은 나가르주나의 게송과 고대 인도의 승려 핑갈라(Piṅgala)가 쓴 주석이 합본된 것이다. 5세기경 구마라집이 한문으로 번역했다.

3 본서에서 『중론』을 인용할 때는 품의 번호와 게송 번호를 아라비아 숫자로 표시했다. 예를 들면 '2-3'은 제2품 제3게송을 의미한다. 그리고 각 장의 명칭은 이해의 편리를 위해서 한역(漢譯)된 『중론』이 아니라 산스크리트본 『중론』을 참고했다. 가령 한역 『중론』의 제1품은 「인연에 대한 고찰」(관인연품)인데 산스크리트본은 「조건적인 원인에 대한 고찰」이다. 후자의 방식을 따랐다. 다소 혼란이 있겠지만 양해를 구한다.

4 본문 중 인용 출처는 괄호 안에 지은이, 책이름, 쪽수만 명기했다. 자세한 서지사항은 이 책 끝에 실린 '참고한 책들'에 정리해 놓았다.

사물은 어떻게 존재하나

삼장법사와 손오공
본질 없음의 본질
나가르주나와 『중론』
형이상학의 수렁

• 사물은 어떻게 존재하나

삼장법사와 손오공

손오공은 요즘 뭐 하는지 모르겠다. 때 되면 한 번씩 텔레비전에 등장해 상상력을 자극했는데 요즘 도통 소식이 없다. 참 손오공을 아는가. 『서유기』의 주연 배우 아닌가. 그는 원숭이 몸으로 삼장법사의 제자가 되었다. 불경을 구하기 위해 인도로 가는 삼장법사를 도와 요괴를 무찌르고 온갖 고난을 이겨 낸다. 하기야 그에게 저런 과정은 고통이라기보다는 오히려 유희에 가깝다. 손오공은 신통술로 유명하다. 그는 신출귀몰한다. 기막힌 변신술이 특기다. 부러울 뿐이다. 저팔계나 사오정도 특별한 재능을 뽐낸다. 반인반수인 저들은 인간보다 낫다.

『서유기』는 그야말로 서역을 여행한 기록이다. 서역은 돈황을 벗어나서 인도에 이르는 광범한 지역을 가리킨다. 동서 문명의 교

차로인 실크로드와 많은 부분 겹친다. 실크로드 주변과 인도 전역이 중국인에게는 서역이었다. 저 옛날 숱한 승려가 불경을 구하고 불법을 배우려고 이 길을 걸었다. 수많은 구법승이 사막에서 사라졌다. 아쉬워할 필요 없다. 삼장법사의 모델인 당나라 고승 현장玄奘, 602?~664도 터벅터벅 타클라마칸을 건넜다. 그는 16년에 걸친 서역 여행을 『대당서역기』大唐西域記라는 이름으로 기록했다. 현장뿐만 아니라 그보다 앞서 법현法顯, 334~420도 부처님 나라인 인도를 다녀와서 『불국기』佛國記를 남겼다. 신라승 혜초慧超, 704~787도 인도[天竺] 다섯 나라를 다녀와서 『왕오천축국전』往五天竺國傳을 썼다.

그런데 삼장법사는 왜 삼장법사일까. 삼장三藏은 산스크리트Sanskrit로는 트리피타카tripitka다. 세 곳간이란 뜻인데 경經·율律·론論 세 분야의 불교 텍스트를 가리킨다. 그래서 삼장은 불법 전체를 상징하곤 한다. 보통 삼장법사는 불법에 통달한 승려를 말한다. 『서유기』에서 삼장법사가 세 제자와 함께 불법을 구하러 가는 긴 여정은 그 자체가 일종의 구법求法이라 할 수 있다. 아마도 인도에 도착하기 전에 이미 꽤나 수행이 되었을 것이다. 손오공은 앞서 잘못을 저질렀는데 이 여행은 그 죄업을 소멸하는 과정이다. 그가 무찌른 요괴는 불교적으로 말하면 우리가 늘 맞닥뜨리는 번뇌다. 그들을 가로막은 화염산은 아마도 하늘까지 치솟은 번뇌의 불길이었으리라.

참, 그분 성함이 왜 오공悟空인가. 오공은 '공을 깨닫다'는 말이다. 공은 또 무언가. 대승불교는 모든 존재[諸法]가 공하다고 말한다.

1. 사물은 어떻게 존재하나 · 15

한 사물, 한 인간에게 나라고 할 만한 것이 없고 너라고 할 만한 게 없다. 개성을 강조하는 시대에 "난 나야"라는 말이 조금은 멋져 보이지만 고작 물건 고를 때밖에 사용 못하는 개성이다. 불교는 제아무리 뒤져도 '나'라는 거 못 찾는다고 악담한다. 대승불교에서는 '나'라는 실체 없음을 공하다고 표현한다. 그래서 주의해야 한다. 공이 있다고 표현하면 틀린다. 공이 있다고 하면 공이 실체라는 말이 되고 만다. 우리는 "무엇이 공하다"고 해야 한다. 자 그럼 오공 씨의 이름은 '실체 없음을 터득하다'는 뜻이다. 나무 위를 어지럽게 옮겨 다니는 원숭이 주제에 이런 거룩한 이름을 얻었다.

'공을 깨닫는다'는 말을 다른 불교 용어로 고치면 반야(般若)이다. 대승불교에서 반야는 존재의 본질(實相)에 대한 지혜다. 본질 직관이라고 할 법하다. 일종의 앎이다. 이렇게 보면 손오공은 손반야 또는 손지혜라고 해도 된다. 삼장법사의 나머지 두 제자인 저팔계와 사오정도 불교 교리에 근거해서 작명했다. '팔계'(八戒)는 불살생 등 불교인이 삼갈 여덟 가지 덕목을 가리킨다. 이것은 일상 삶에서 실현해야 할 가치다. '오정'(悟淨)은 맑디맑은 본디 마음을 깨달음이다. 이것은 의식의 평정을 가리킨다. 일렁이는 물결이 잠잠해져 뿌연 흙탕물은 이제 맑디맑다. 이렇게 보면 삼장법사의 세 제자는 깨달음의 세 가지 지침인 지계(戒)·선정(定)·지혜(慧)에 대응한다. 불교에서는 이것을 세 가지 배움이라는 뜻에서 삼학이라고 부른다.

손오공은 저런 앎을 통해 자신을 변형하고 궁극적으로 번뇌를 극복한다. 불교에서는 모든 번뇌를 남김없이 극복하는 것을 가리켜 열반^{Nirvāṇa}이라고 한다. '니르바나'는 '불어서 끄다'란 의미다. 번뇌의 불길이 조용히 잦아든 상황이라고 할 수 있다. 근대 유럽 학자들은 열반 개념 때문에 불교를 죽음의 종교나 허무주의로 취급했다. 그들은 대부분 열반을 의지 제로 상태나 감각의 무능력 정도로 이해했다. 그런데 우리는 붓다가 꽤 열심히 살았단 사실을 기억해야 한다. 허무주의자가 그렇게 열심히 살아도 되나. 왜 그랬을까?

예민한 고타마 싯다르타는 인간이 겪는 생·노·병·사 고통이 자신에게 닥칠 것을 두려워했다. 그리고 그것을 극복하고 싶었다. 이 똘똘 뭉친 고민 때문에 출가를 감행하고 지난한 수행을 했다. 이렇게 불교는 대단히 구체적이고 현실적인 목표를 가진다. 바로 고통^{duḥkha} 인식과 고통 극복이다. 이것이 유일한 목표다. 둑카에 대한 인식이야말로 불교의 출발이라고 할 수 있다. 불교에서 제기한 어떤 철학적 논의나 세계관도 이 문제를 압도하지 못한다. 붓다는 삶이 고^{苦}라고 했다. 하기야 최근 복권 당첨됐거나 한참 연애 중인 경우 이런 이야기에 시큰둥할 것이다. 이런 사람들에게 붓다의 이야기는 고통의 과장이거나 오지 않은 어둠으로 찬란한 태양을 가리는 짓일 테다. 하지만 좀더 생각해야 한다.

붓다가 말하는 고통이 단지 감정의 동요나 감각의 불편만은 아니다. 우리는 일상에서 웃다 울고, 울다 웃기를 반복한다. 이럴 때면 내가 뭐하나 싶다. 붓다는 저런 기쁨의 감정이 극히 일시적이고 불안하다고 말한다. 불교의 입장에서 보자면 쾌락이나 기쁨은 고통과 슬픔으로 곧바로 역전될 수 있다. 적어도 감정이라는 형식 속에 있는 한. 의식 밑바닥에서 이는 파도를 잠재우지 못하는 한. 이렇게 이야기해도 삶이 고라는 사실을 순순히 받아들이기는 쉽지 않다. 고통에 대한 실감이 없을 경우, 그것에 대한 극복은 요원하다. 눈 감고 100까지만 세어 보라. 의식이 얼마나 산란한지 알 수 있다. 『서유기』를 불교적으로만 읽는다면 거기에 등장하는 요란한 이야기도 실은 번뇌 극복과 깨달음 성취를 말한다. 손오공은 여의봉을 휘두르며 그 일을 감당한다.

　번뇌는 어디서 출발할까. 도대체 고통은 왜 발생할까. 불교에서 내리는 답은 무명無明, avidyā이다. 무명은 그냥 무지라고 해도 좋다. 헌데 무엇을 모른단 말인가. 붓다가 제기한 네 가지 성스러운 진리[四聖諦]다. 좀 단순하게 말하면 고통[苦], 집착[集], 열반[滅], 수행[道]이다. 집착은 어떤 사실에 대해 부리는 실체론적 고집이다. 저 여인이 내 이상형이라서 영원히 사랑할 것 같았는데 일 년이 채 안 돼 벌써 싫증난다. '아! 이럴 수가' 그 속도에 나도 놀랍다. 감정의 사라짐이 괴롭다. 불교에서는 어떤 사실이나 감정을 고정된 무엇으로 간주하는 것을 집착이라고 말한다. 우리의 감정을 비롯한 세상 모든 것은 늘 동요한다. 그런데도 습관적으로 그것을 고정시키지만 사실 차원에서 그런 것들은 둥둥 떠다닌다. 영원하다는 내 님의 사랑도 부리나케 달아난다. 이 때문에 혼란은 가중된다. 불교 수행은 주로 우리가 행하는 집착을 대상으로 한다.

집착은 무명 때문에 초래된다. 집착하고 있는 사실이 바로 무지라고 말할 수도 있다. 늘 변하고 결코 본질 같은 것 없고, 나나 내 것 없는데 허공에 동그라미 하나 그려 놓고 무작정 매달린다. 불교의 교설(敎說)은 대부분 세상 모든 존재자는 우리가 그리 붙잡을 만한 게 못 됨을 강조한다. 더 이상 고집을 부리지 않고 그에 따라 혼란이 소멸한 경우를 열반이라고 말한다. 집착이나 고통이 없는 상황 자체로서 충분히 훌륭하다. 불교에서 말하는 적멸은 이상야릇한 상태가 아니라 바로 이런 평온함이다. 불교 수행은 집착을 타파하고 결국 열반에 도달하는 방법이자 길[道]이다. 공이라는 개념도 바로 이런 과정을 나타낸다. 공이라는 실천 앞에 실체론적 기대는 속절없이 무너진다.

본질 없음의 본질

불교가 인도에서 '이단'의 영광을 누릴 수 있었던 까닭은 강력하게 비실체론을 주장했기 때문이다. 이 비실체론 앞에서 인도종교나 인도철학이 숭배한 숱한 개념들은 산산이 조각난다. 불교의 비실체론을 대표한 교리는 역시 연기론이다. 연기(緣起)는 한자로는 인연생기(因緣生起)의 줄임말이다. 보통 인(因)은 직접 원인으로, 연(緣)은 간접 원인으로 푼다. 원인이라는 말 대신 조건이라고 해도 좋다. 연기라는 말은 원인이나 조건을 통해서 사물이나 사건이 발생하고 변화하고 소멸한다는 의미다. '나한테 내가 없다.' 결코 혼자 존재할 수 없고, 의존해서 존재할 수밖에 없다는 이 단순한 선언은 거대한 작용을 했다. 새로운 윤리를 초래했고, 새로운 세계관을 수립했다. 다음은 가장 기본적인 연기 공식이다.

> 이것이 있기 때문에 저것이 있고, 이것이 생기기 때문에 저것이 생긴다. 이것이 없기 때문에 저것이 없고, 이것이 소멸하기 때문에 저것이 소멸한다. (『잡아함경』, 제13권 335경)

돌려 말할 수도 있다. "저것이 있기에 이것이 있고, 저것이 소멸하기 때문에 이것이 소멸한다." 지금 말하는 '나'는 시선에 따라 이것이고 또 저것이다. 우리는 나 자신을 알고 싶을 때, 거울 앞에 설 게 아니라 주위를 두리번거려야 한다. 이렇게 연기론은 타자에 대한 심각한 고려를 요구한다. 내 운명은 결코 내게 있지 않다. 그런데 '타자'는 무한히 번진다. 타자도 다른 타자를 통해서 성립한다고 할까. 이런 관계는 끝없이 계속된다. 그래서 견고하고 찬란한 타자나, 내 삶을 주재하시는 성스러운 '그분' 혹은 내 안에 강림하신 '그분'을 상정할 수 없다. 그래서 '너'도 내 운명은 아니다. 불교는 초월자로서 실체나 내재성으로 실체를 인정하지 않는다.

인도철학 전통에서는 숱한 신이 등장한다. 『베다』나 『우파니샤드』는 위대한 신을 찬양하는 시로 가득하다. 하지만 불교는 신도 인간과 비슷한 처지라고 생각한다. 그도 연기緣起된 존재일 뿐이다. 그래서 신도 무아無我다. 결코 그를 고정된 실체로 볼 수 없다. 이런 이유 때문에 연기론은 어떤 한 지점에서 세계가 출현했다거나 고귀한 한 분이 세계를 창조했다는 사고를 거부한다. 창조자가 손에 든 진흙은 창조 이전의 무엇이리라. 불교는 지고지순한 그 한 점點을 지워 버린다. 그래서 무신론이라는 불경을 저지를 수밖에 없었다. 『베다』에서 이렇게 말한다.

> 태초에 유도 없고 비유도 없다. 공기도 없고 그 위 하늘도 없다. 죽음도 없고, 불사不死도 없다. 밤이나 낮의 표징도 없다. 일자一者만이 그 자체의 힘으로 바람 없이 숨 쉰다. 그 밖에 아무것도 없다.(『리그베다』, 「창조송」; 길희성, 『인도철학사』, 24쪽)

여기서 일자는 세계 출현 이전에 존재한 절대자이자 세계를 창조할 자이다. 아니면 세계가 전개될 한 점이다. 어둠도 그를 가릴 수 없고, 광명도 그를 비출 수 없다. 『베다』보다 훨씬 철학적인 형태를 띠는 『우파니샤드』에서는 우주의 궁극적 실재 내지 힘을 브라흐만Brahman이라고 불렀다. 이는 모든 현상 근저에 본질로서 존재하는 것이다. 그것은 세계의 배후이자 세계의 통일적 실재다.

모든 존재자가 그것에서 유출되었고 결국 그것으로 회수될 것이다. 우파니샤드 철학에서 깨달음은 자아의 탐색을 통해서 자아에 내재한 브라흐만을 통찰하는 것이다. 어쩌면 신을 내 안에서 영접하는 방식이다. 본질을 만난다고 할 수 있다. 이에 반해 붓다는 현상 배후에 무관심하다. 무던히도 인간이라는 테두리 안에서 사고한다. 붓다에게 광활한 우주론을 기대하는 건 무리다. 불교는 연기론에 기반해 무아론이나 무상설無常說을 제기한다. 당연히 비실체론의 한 축이다.

베다 전통을 잇고 있는 『카타 우파니샤드』에서는 자아(아트만ātman)에 대해 이렇게 말한다. "자아는 태어나는 것도, 죽는 것도 아니다. 어디에서 오거나 무엇이 되는 것도 아니다. 이것은 태어나지 않고 영원하며, 원초적이다. 육신이 살해될 때도 이것은 살해되지 않는다."(뿔리간들라, 『인도철학』, 68쪽) 여기서 자아는 영원히 존재하는 실체다. 또한 대단히 신적이다. 인간의 힘으로 이것을 어찌할 수 없다. 저것은 발생하는 것도 아니고 소멸하는 것도 아니다. 붓다는 내면 깊은 곳에 틀어박힌 영혼 같은 것을 인정하지 않는다. 불교가 말하는 수행은 깊은 선정 속에서 저런 영혼을 발견하려는 노력이 아니다. 오히려 영혼을 조각하려는 자의 손목을 벤다.

대승불교에서는 초기불교의 연기법이나 무아설을 훨씬 적극적으로 사용한다. 이런 적극성 때문에 출현한 개념이 공空이다. 물론 이 말이 초기불교에 없었던 것은 아니다. 하지만 대승불교에 와서야 불교의 핵심 개념이 되었다. 산스크리트로 공은 슌야śūnya다.

어근이 śvi(스비)인데 '부풀다', 혹은 '속이 보이다'의 의미다. 공은 두번째 의미와 관련된다. 차단되거나 굴절되지 않고 그대로 투과되는 사태다. 인도수학이 발견한 O^{zero}도 순야로 표기한다. 초기불전인 『소공경』小空經에서는 "어떤 물건이 그곳에 존재하지 않을 때 그 어떤 물건에서 공을 본다. 그런데 그곳에 남은 어떤 것이 존재할 때, 그것이야말로 실재임을 안다"고 말한다. 우리는 책상 앞에서 사실 책상이 거기에 없음을 알 때, "책상이 책상에 대해서 공하다"고 말할 수 있다. 대승경전에서는 공을 이렇게 말한다.

> 본질인 그것은 본질이 없으며, 본질 없는 그것이 바로 본질이다. 일체 모든 존재는 (나라고 할 만한) 특징[相]이 없다는 단 하나의 특징만 있기 때문이다.(김형준 옮김, 『팔천송 반야바라밀다경』 제8장 「청정품」, 177쪽)

공이라는 표현을 사용하지 않았지만 존재의 본질을 무엇으로 파악했는지 명확하다. 공을 '본질 없음의 본질'이라고 표현했다. 이렇게 표현할 수도 있다. '나 없음의 나.' 그렇다. '나를 찾아서 떠나는 산사여행'에서 진짜 그럴싸한 나를 찾으면 곤란하다. 반대로 나 없음을 발견할 때, 의미 있는 여름휴가를 보낸 게 된다. 위 인용문에서처럼 대승불교에서는 자아의 비실체성을 말하는 무아보다는 존재 일반의 비실체성을 나타내는 무자성無自性을 선호한다. 초기불교에서 연기론에 기반해 제기한 무아설은 기본적으로 인간의 자아의식에 대한 비판이다. 자아를 구성하는 요소나 세계를 구성하는 요소에 대해서 굳이 부정하려 들지 않았다. 대승불교에서는 무아설을 세계 전체로 확장한다.

대승불교 경전 가운데 제목에 '반야'가 들어가는 것이 대단히 많다. 이런 경전 군群을 반야계 경전이라고 한다. 이때 사용하는 반야prajñā는 "공에 대한 지혜이며, 집착 혹은 분별을 여읜 지혜이며, 존재의 본질을 직관하는 지혜이다." 중국 무협 영화에 등장하는 소림사 출신 무술 고수가 되뇌는 '뽀르뽀르밀'이 바로 반야바라밀다prajñāpāramitā이다. 무슨 주문처럼 쓰이지만 의미심장한 말이다. 여기서 바라밀다는 피안의 의미인 'param'(파람)과 도달했음을 뜻하는 'ita'(이타)가 결합한 말이다. '피안에 도달하다'는 말이다. 반야를 통해서 문제를 해결하여 피안에 도달했다는 이야기다. 유명한 『반야심경』은 이렇게 시작한다.

> 관자재보살이 깊은 반야바라밀다를 실천할 때 존재자의 다섯 구성 요소[五蘊]가 모두 실체 없음을 분명히 알고 일체 괴로움을 극복하셨네. (현장 역, 『반야심경』)

보살은 대승불교에서 말하는 완성된 인격이다. 그들은 반야를 실천하는 자로 형상화된다. 특히 여기 등장한 관자재보살은 우리가 잘 아는 관세음보살이다. 그는 지혜를 상징한다. 티베트 불교지

도자 달라이 라마도 살아 있는 관세음보살로 숭배된다. 앞서 말했 듯 반야를 실천한다는 행위는 모든 존재에 대해 실체론적으로 매달리지 않고, 그것의 공함을 투철하게 인식함을 말한다. 여기서 중요한 것은 "다섯 구성요소 모두 실체 없음"[五蘊皆空]이다. 초기불교에서는 인간은 다섯 가지 요소로 구성된다고 말한다. 이 다섯 가지는 사실로 인정하지만 그것의 구성물인 인간은 실체를 인정하지 않는다. 이렇게 '오온설'은 무아설에 대한 지지다.

그런데 대승불교에서는 다섯 가지 요소도 비실체라고 선언한다. 현대철학의 입장에서 보면 초기불교나 부파불교가 지지하는 오온설은 요소론적 실재론 혹은 범주론적 실재론이라고 할 법하다. 대승불교에서는 이것도 그리 달갑지 않다. 철학적으로는 바로 이 점이 대승불교와 부파불교를 나누는 기준으로 사용되기도 한다. 양측 모두 '인간의 자아 없음'[人無我]을 인정하지만 인간을 구성하는 요소[法]에 대해서는 다르다. 대승불교는 그 '요소도 실체 없다'[法無我] 선언하지만 부파불교는 거기까지 가지 않는다.

나가르주나와 『중론』

불교의 역사를 토막 내서 이해하는 건 다소 위험하다. 불교도 연기론의 한복판에 있기 때문이다. 불교의 여러 이론은 이리저리 얽혀 있다. 그것을 깨끗하게 잘라서 이해하는 건 불가능하다. 그럼에도 이해의 편리를 위해 무지막지하게 쪼개 보면 초기불교, 부파불교, 대승불교 정도다. 초기불교는 붓다와 그의 제자가 활동한 시대의 불교다. 붓다의 원음을 비교적 온전히 간직했을 거라고 간주된다. 이후 붓다의 가르침에 대한 다양한 이해가 제시되고 이 차이 때문에 불교 교단이 분열한다. 나름 독자적인 이해체계를 갖춘 20여 개 부파部派가 활동했다. 이들의 사상과 활동을 부파불교라고 통칭한다. 또 아비달마Abhidharma불교라고도 불린다. 이것은 그들이 존재자法 dharma에 대해abhi 분석을 시도했기 때문에 붙은 이름이다.

 대승불교는 부파불교가 붓다의 진정한 가르침을 왜곡했고 중생구제라는 불교적 가치를 성공적으로 실현하지 못했다고 비판하면서 출현했다. 대승大乘은 큰 수레라는 의미다. 기존 불교를 작은 수레[小乘] 불교라고 놀렸다. 대승불교인들은 자신은 더 많은 중생을 구제한다고 했다. 이때 반야경으로 대표되는 대승경전도 출현한다. 공空사상이나 보살菩薩 개념은 대승불교의 기존 불교에 대한 차별화 선언의 일부다. 대승불교는 기존 불교와 치열하게 논쟁했고, 그런 과정에서 철학적으로 완성된다. 그래서 대승불교의 개별 이론을 공부할 때 그것이 무엇과 대결하고 있는지 분명히 알아야 한다. 그래야 철학적으로 선명해진다.

 대승불교가 자신의 정체성을 확보하기 위해 부파불교와 다툴 때 맹활약을 한 철학자가 있다. 그는 대승불교를 철학적으로 완성했다고 칭송된다. 바로 나가르주나Nāgārjuna, 150~250경다. 중국에서는 용수龍樹로 번역했다. 나가르주나는 반야계 경전에 나타난 공 개념을 정교하게 이해하고 정리한다. 더구나 자신 나름의 방법을 동원한다. 그는 직관적인 방법이 아니라 논리를 사용한다. 그래도 그의 목적이 논리의 완성은 아니다. 그는 부파불교나 인도철학의 여러 학파가 제기한 이론이나 주장을 저들의 논리를 동원해 부순다. 사유가 밟고 있는 바닥을 흔듦으로써 사유를 무너뜨린다.

나가르주나의 이런 방식이 대단히 중요하다. 공의 의미를 생각해 보면 이유를 알 수 있다. 공은 무슨 알맹이가 아니다. 나가르주나에게서 공은 하나의 방법이다. 그의 대표작이라고 할 법한 『중론』中論에서도 이런 입장을 취한다. 제목에서 '중'이라는 말이 묘하다. 나가르주나가 말하는 중도中道나 중관中觀은 '중'이라는 개념에 기반한다. 그가 말하는 '중'은 의견이 대립할 때 둥글둥글하게 타협하라는 말이 아니다. 어쩌면 '중'은 그야말로 모난 개념인지도 모르겠다. 유학에서 말하는 중용처럼 적절한 윤리적 판단을 가리키는 것도 아니다. 중은 때론 선·악 같은 윤리 개념을 거절한다. 그것보다 훨씬 철학적인 문제를 다룬다. 그것은 일종의 태도라고 할 수 있다. 결론적으로 말하자면 사물이나 사태를 대하는 태도다.

좀더 설명해 보자. 자, 지금 말하고 생각하고 컴퓨터 자판을 두드리는 '나'는 존재하는가? 아니면 존재하지 않는가? 앞서 말한 연기론에 입각하면 결코 하나의 정체성을 가진 '나'는 인정할 수 없다. 그래서 나는 '존재가 아니다'非有. 그럼 자판을 두드리며 또

하나의 글을 완성하고 새로운 의미를 생산하는 이 사태는 무엇인가. 그냥 아무 일도 없나. 아니다. 불교적으로 말하면 이 사태와 행위는 온갖 관계 속으로 뻗어 나간다. 그렇다면 나는 '없다고 할 수 없다'[非無]. 한 사태나 한 사건을 두고 우리는 이렇게 '존재'다 '비존재'다 말할 수 없는 지경에 이른다. 한자로 써 보면 '비유비무'非有非無이다. '중'中이라는 말은 여기서 등장한다.

본질적으로 따지면 우리는 존재나 비존재라는 개념을 성립시킬 수 없다. 우리가 내리는 판단은 대부분 저런 대립적인 개념 가운데 한쪽을 취하는 방식이다. 그런데 나가르주나는 양쪽을 동시에 부정한다. 바로 이 이중 부정을 '중' 혹은 중도로 표현한다. 나가르주나는 이렇게 말한다.

의존적으로 발생한 것을 우리는 공성空性이라고 부른다. 그것은 임의의 명칭[假名]이며 또한 '중도'에 대한 이해이다.(『중론』,「네 가지 진리에 대한 고찰」, 24-18)

의존적으로 발생한 것을 연기라고 말한다. 바로 연기하기 때문에 그 존재는 공하다고 할 수 있다. 그렇다면 앞에 있는 저 놈을 보고 '책상'이라고 할 때 그것은 단지 임의로 붙인 이름[假名]일 뿐이다. 그 이름에 뭔가 알맹이가 있지 않다. 그래서 본명은 없다. 모두 가명이다. 만약 본명이 있다면 공성空性이다. 의존적으로 발생한 것을 두고 우리는 "어느 놈이 존재한다" 혹은 "존재하지 않는다" 말할 수 없다. 있다고 할 때와 마찬가지로 없다고 할 때도 그 놈의 실체를 인정해야 하기 때문이다. 만약 그것이 연기하고 있음을 투철하게 인정한다면 우리는 그것이 존재냐 비존재냐 하는 물음에 빠지지 않는다. 이런 태도가 바로 중도이다. 나가르주나는 『중론』에서 중도라는 방법을 시도한다.

『중론』의 원래 명칭은 『중송』中頌, Madhyamakakārikā이다. 나가르주나는 게송으로 중도에 대해서 이야기한다. 서역 출신 승려이면서 중국에서 활동한 구마라집Kumārajīva, 344~413은 인도 승려 핑갈라Piṅgala가 쓴 『중송』 주석서를 『중론』으로 번역했다. 그래서 한역된 『중론』에는 나가르주나의 게송과 핑갈라의 해설이 있다. 이 번역서는 27개 품品에 달한다. 불교 텍스트에서는 경經이나 논論의 하위 장절을 품品이라고 표현한다. 동아시아 불교에서 주로 구마라집 번역본을 통해서 나가르주나의 중관中觀철학을 이해했다. 이 글에서도 주로 구마라집의 노력에 의지한다. 구마라집은 『중론』 번역을 통해 중국에 공에 대한 바른 이해를 소개했다. 그는 당시까지 중국 전통 사유와 섞여 있던 불교 이해를 상당 부분 교정했다.

대승불교에서는 "일체 존재가 모두 공하다"고 말한다. 이 사실 자체로서 뭔가 특별한 의미가 있는 것은 아니다. 우리가 세계나 자신을 대하면서 실체론적 사고를 중단할 때, 슬픔뿐만 아니라 기쁨도 알맹이가 없구나 하고 진실하게 느낄 때 공이 작동한다. 나가르주나는 이것을 '중관'中觀이라고 했다. '관'은 관법이라고 할 수 있는데, 그렇게 바라봄이며 그렇게 생활함이다. 습속에 속박된 신체를 변형해야 한다. 중관철학이나 중관사상도 이렇게 나온다.

나가르주나가 『중론』에서 견지한 입장을 계승하고 실천하려는 집단을 중관학파Mādhyamika라고 부른다. '마디아미카'는 '중도를 걷는 자'라는 뜻이다. 철학적으로 중도는 "상주와 단멸, 자아와 비아, 물질과 정신, 육체와 영혼, 실체와 과정, 단일과 다수, 긍정과 부정, 동일과 차별 등 모든 독단적이고 배타적인 이원론을 피하는 방식"을 가리킨다.(뿔리간들라, 『인도철학』, 91쪽) 중관학파는 우리의 일상 언어는 대부분 저런 대립적이고 극단적 판단에 기반하고 있다고 생각한다. 그래서 『중론』 27개 품은 일반인뿐만 아니라 불교인이 사용하는 언어와 사유에도 도전한다. 나가르주나는 불교 곳곳에 도사리고 있는 실체론적 경향을 발각한다. 불교인에게 이렇게 말한다. "이게 과연 불교인가?" 비불교인들에게는 "이게 상식적으로 가능한가. 한번 생각해 보시오"라고 힐문한다.

공사상은 단지 중관학파에 한정되지 않았다. 대승불교 전 영역으로 확산된다. 궁극적 실재를 인정하는 듯 보이는 『대승기신론』大乘起信論에도 진입하고, 화엄철학이 제시한 저 호쾌한 우주론에도 진입한다. 우리의 사유를 절단하며 들이닥치는 선사들의 언어에도 나가르주나의 기백과 방법이 있다. 신출귀몰하고 변화무쌍한 손오공의 변신술도 어쩌면 여기에 닿아 있는지 모른다. 내가 잠시 변신한 게 아니라 변신 자체가 본질이다. 그렇다면 손오공의 변신능력이 대단히 심오한 철학임을 알아야 한다.

형이상학의 수렁

나가르주나가 연기나 공, 그리고 중도를 말해 도달하고자 하는 곳은 어딜까. 그는 『중론』 첫 게송에서 솔직히 밝혔다. "온갖 희론戱論 없애며 상서로운 연기법을 가르쳐 주신 가장 뛰어난 스승이신 부처님께 저는 머리 숙여 경배합니다."(『중론』, '귀경게') 나가르주나는 연기법의 효용을 이렇게 확정했다. 여기서 희론prapañca은 쉽게 말하면 망상이다. 감정의 과장이나 터무니없는 기대 같은 것도 망상이다. 연기법은 이런 망상을 부순다. 나가르주나가 말하는 중도나 중관은 이렇게 망상을 없애고 세상을 똑바로 보는 방법이다.

한역된 불교 경전에서 열반이나 해탈을 '소멸'[滅]로 표현하는 경우가 많다. 중국불교 초기에는 특히 그렇다. 불교에서 말하는 깨달음은 호주머니에 넣고 만지작거릴 수 있는 예쁜 유리구슬 같은 게 아니다. 닦고 또 닦으면 밝게 빛나는 수정구도 아닐 테다. 번뇌의 소멸이나 망상의 소멸이 바로 깨달음이고 해탈이다. 마침내 도달했는데, 어! 빈방이다. 이것을 못 견디고 끊임없이 빈방에 뭔가를 채워 넣으려고 하는 자들이 있다. 실체 없음을 도저히 못 견딘다. 뭐라도 있어야 한다. '무'라도 있어야 한다. 이런 경향은 불교 내부에도 존재한다. 나가르주나는 끝까지 그들과 싸운다. 그는 『중론』에서 온갖 희론(망상)을 예로 들고 그것을 솜씨 좋게 부순다.

도대체 어떤 망상이 있나. 나가르주나에게는 모든 세계관, 모든 철학이 여기에 해당한다. 불교에선 견見 darśana이라고도 한다. 그런 것들이 때론 인간에게 희망이기도 하고, 심지어는 생명처럼 작동하기도 한다. 나가르주나는 이런 것들을 지적 구속이라고 생각한다. 형이상학적 고민들도 마찬가지다. 아리스토텔레스는 『형이상학』을 시작하면서 "모든 인간은 본래 앎을 욕구한다"고 했다. 우리가 사물을 안다는 것은 그것이 "왜 있는지/무엇인지" 아는 것과 관련된다.(아리스토텔레스, 『형이상학』, 17쪽) 필로소피가 '앎에 대한 희구'라 했다. "저 녀석은 도대체 무엇이고, 어떻게 존재하는가?" 바로 이 질문이 아리스토텔레스가 말하는 제1철학, 즉 형이상학의 출발이다.

서양철학이나 동양철학 할 것 없이 세계의 기원에 대한 무지막지한 궁금증이 있다. 고대희랍철학에서 무슨 아르케arche니 물이니 불이니 하는 것도 여기에 해당하고, 고대 중국인들이 기氣가 어쩌구, 음양陰陽이 어쩌구, 태극太極이 어쩌구 하는 것도 매한가지다. 인도에서도 세계창조를 이야기했다. 창조주가 등장하기도 하고, 아니면 어떤 힘이 그런 역할을 하기도 했다. 때론 그들을 경외하고, 때론 그들에게 떼쓴다. 인간은 저들과 모종의 타협을 시도한다. 대신 사람이나 동물을 희생 제물로 바친다. 가장 소중한 것을 바쳐야 한다. 보통은 누군가의 생명이다. 공양미 삼백 석에 심청이 팔려 가는 것도 이런 맥락이다. 아마도 신들에게 가학 취미가 있든지 아니면 식인 풍습이 있었는지도 모르겠다.

붓다는 저런 것들로부터 인간의 해방을 선언한다. 인간의 위대함을 말하려고 해서가 아니다. 저런 식으로는 결코 문제를 해결할 수 없다고 생각했기 때문이다. 문제를 쉽게 신이나 초월적 힘으로 돌리지 않고 자신이 떠안는다. 인생 어렵게 사는 방법이었다. 고통에 휩싸인 나에게서 문제를 시작한다. 그래서 해답도 거기서 찾아야 한다. 붓다는 제자들의 질문을 조정한다. 그리고 그 조정된 질문에 매진하도록 했다. 세상 모든 일에 통달하겠다거나 세계를 관통하는 진리를 터득하겠다는 포부는 별로 불교적이지 않다. 예나 지금이나 진리의 노예가 된 자들이 많다. 붓다의 제자 만동자는 이런 질문으로 한참 고민했다.

세상은 영원한가 아니면 영원하지 않은가. 세상은 유한한가 아니면 무한한가. 목숨은 곧 몸인가 아니면 목숨과 몸은 서로 다른 것인가. 여래는 사후에도 존재하는가 아니면 존재하지 않는가. 아니면 존재하기도 하고 존재하지 않기도 하는가. 아니면 존재하는 것도 아니고 존재하지 않는 것도 아닌가. 『중아함경』,「독화살 비유」

만동자가 품은 고민은 요즘 말로 하면 철학자가 짊어진 형이상학적 숙제다. 저 막막한 밤하늘을 보면서, 아니면 대자연의 신비를 보면서 한번씩 해볼 법한 질문이다. 이런 것들이 우주론적 고민 혹은 실존적 고민으로 탈바꿈할 수 있다. 특히 철학자들에게 만동자의 고민은 사유의 순수함으로 비친다. 그런데 붓다는 생각이 달랐다. 붓다가 왜 출가했는지 떠올려 보면 답이 나온다. 그는 "도대체 왜 중생은 고통 속에서 허우적대나? 도대체 왜 생·노·병·사가 우리를 궁지로 몰아넣나?" 하는 조금은 범속한 질문을 던졌다. 밤하늘의 별을 보고 질문을 던진 게 아니라 주위 사람들의 신음 속에서 질문을 찾았다. 붓다는 만동자가 저런 질문을 들이밀자 침묵했다. 나중에 붓다는 독화살 비유로 만동자를 타이른다.

> 어떤 사람이 독화살을 맞자 가족들이 의사를 불렀다. 그런데 그 사람은 속으로 생각한다. "먼저 화살 쏜 사람의 성씨·이름·출신을 알아야 하고, 귀족·무사 계급인지 사제 계급인지 농·공·장인 계급인지 노예 계급인지 알아야 한다. 그러기 전에 화살을 뽑을 수 없다." 그러면 그 사람은 그 사실을 알기도 전에 목숨을 잃고 말 것이다. (『중아함경』, 제60권 「독화살 비유」)

상상해 보자. 고속도로에서 교통사고로 한 사람이 죽을 둥 말 둥 한다. 그런데 그 아픈 몸 이끌고 나와 시비 가린다고 난리다. 거의 코미디 수준이다. 그에게 시시비비를 가리는 것이 왜 그토록 중요할까? 그냥 구급차 기다리면 되지 않나. 이유는 '자기'가 개입했기 때문이다. '자기'가 무시당하고 싶지 않다. 자신의 올바름을 증명하고 상대방의 잘못을 깨우치고 싶다. 붓다가 보기에 만동자가 뜨겁게 간직한 질문도 실은 이랬다. 별로 유익하지 않은 고민으로 자신을 괴롭혔다. 붓다는 철학적 시시비비가 아니라 종교적 구원에 더 집중한다. 붓다는 말한다. "세상이 영원한 것이라 해도, 영원하지 않다고 해도 태어남·늙음·병듦·죽음·근심·울음·번뇌·괴로움 같은 고통이 생긴다." 우리는 어떻게 살 것인가 결정해야 한다.

붓다는 이렇게 형이상학적 질문 자체를 거부했다. 나가르주나는 방법면에서 붓다와 조금 다르다. 그는 이 정도에 그치지 않고 형이상학적 물음과 직접 대결한다. 우리는 왜곡된 세계관이나 지식 때문에 끊임없이 망상에 휩싸인다. 비록 철학자가 아니라도 우리는 일상에서 습관적으로 저런 형이상학적 사실을 인정하고 만다. 나가르주나는 『중론』에서 끊임없이 철학적 논쟁을 시도하면서 습속과 사고의 오류를 교정한다. 불교에서 저런 착각을 전도몽상顚倒夢想이라고 표현한다. "본말이 전도됐다"고 할 때처럼 '전도'는 거꾸로 뒤집혔다는 말이다. 그래서 전도몽상은 요즘 말로 '사고의 오류' 정도로 번역할 수 있다. 나가르주나가 말한 희론이 바로 이런 거다.

『반야심경』에는 "이런 뒤집힌 엉뚱한 생각에서 완전히 벗어나면 열반에 도달한다"는 구절이 있다. 대승불교의 백과사전이라고 불리는 『대지도론』大智度論에서는 허황한 상상을 '토끼 뿔 거북이 털'로 비유한다. 말할 수 있다고 모두 사실은 아니다. 나가르주나도

『중론』, 「오류에 대한 고찰」觀顚倒品에서 "이처럼 오류가 소멸하기 때문에 무명도 소멸한다"고 말한다. 잘못된 앎의 교정을 통해서 번뇌의 원동력인 무명이 소멸된다고 할 수 있다. 신체나 사고 등이 행하는 오류를 교정하는 것에서 여러 가지 문제를 해결할 수 있다.

> 공성의 가르침을 받아들이는 사람은 슬픔을 지닌이 너른 허구로 간주한다. 또한 고통에서 벗어나기 위해서 스스로 그 조작을 멈추어야 함을 안다. 우리는 공성의 이해가 사물의 절멸을 주장하는 게 아님을 분명히 알아야 한다. 이것이 대단히 중요하다. 마찬가지로 세상에 영원하거나 제일원인에 해당할 만한 독립적인 실체가 없음을 깨달아야 한다. (스트렝, 『용수의 공사상 연구』, 203쪽)

불교적으로 말하면 슬픔이나 기쁨은 삶을 떠받치는 하나의 형식이다. 이것을 전혀 무의미하다고 차마 말하지는 못하겠지만 본질적으로 그것은 허구다. 허구임에도 불구하고 그런 것들에 우리는 자주 상처 나고 바보 같지만 그냥 당한다. 교통사고가 났는데 그런 일이 없다고 주장하려는 게 아니다. 그것에 어떻게 대처할 것인가 좀더 골똘히 생각하라는 바람이다. 나가르주나의 '사물이 공하다'는 주장은 철저하게 사물을 바라보라는 요구다. 실체론자나 본질주의자들은 저런 일자의 소멸을 상실이라고 하지만, 불교도는 그것을 자유라고 한다. 대단한 차이가 아닌가.

공은 무엇이 아닌가

여덟 가지 부정
『중론』의 변증법
존재와 비존재
색즉시공

• 공은 무엇이 아닌가

여덟 가지 부정

나가르주나는 『중론』을 시작하면서 붓다에게 경배한다. 이 첫 게송을 흔히 귀경게[歸敬偈]라고 부른다. '귀경'은 목숨 바쳐 귀의하고[歸命] 예경[敬]한다는 의미다. 나가르주나에게 붓다는 무엇이기에 이렇게까지 할까. 붓다는 그에게 연기법을 선물했다. 그런데 나가르주나는 이 연기법을 여덟 가지 부정으로 정리한다. 이후 중국 주석가들은 네 개 짝으로 이루어진 이 여덟 가지 부정을 '팔불[八不]중도'라고 명명했다. 그것에 '중도'라는 이름이 붙은 점에 주목해야 한다. 대승불교에서는 일체가 모두 공하다고 했다. 사물은 존재도 아니고[非有] 비존재도 아니기[非無]에 '중'이다. 중간이나 가운데라는 의미가 아니다. '중'은 양쪽을 한꺼번에 부정하는 것을 가리킨다. 자, '귀경게'를 보자. 산스크리트본 번역을 참고하여 해석했다.

발생하지 않고[不生], 소멸하지도 않으며[不滅], 항상하지도 않고[不常], 단절되지도 않고[不斷], 동일하지도 않고[不一], 상이하지도 않고[不異], 오지도 않고[不來] 가지도 않으며[不去], 온갖 희론(망상) 없애며 상서로운 연기법을 가르쳐 주신 가장 뛰어난 스승이신 부처님께 저는 머리 숙여 경배합니다. (『중론』, '귀경게')

이 게송은 『중론』의 요약이라고 할 수 있다. 하지만 쉽지 않다. '나지도 않고 죽지도 않는다'느니 '오지도 않고 가지도 않는다'느니 하는 도사 같은 말이 고스란히 등장한다. 이런 아리송한 말이 불교적 언사라고 착각하는 사람도 있는데 무턱대고 쓸 말은 아니다. 위 게송은 크게 세 부분으로 나뉜다. 먼저 연기법을 꾸미는 여덟 가지 부정이다. 나가르주나는 연기법을 이렇게 이해했다. 자신의 연기법을 밝힌 셈이다. 두번째는 이 연기법을 통해서 도달하는 경지다. 번뇌 타파와 고통 소멸이라는 이익을 얻었다. 세번째는 붓다에 대한 예찬이다. 종교적 귀의가 여기서 행해진다.

물론 『중론』 전체는 여덟 가지 부정의 응용이다. 『중론』을 한문으로 번역한 구마라집은 동시 동작을 나타내는 한자 '역'[亦]을 사용했다. 무엇이 "발생하지도 않고 동시에[亦] 소멸하지도 않는다." 부정은 동시에 이루어져야 한다. A의 발생을 부정하고 며칠 뒤에 A의 소멸을 부정해서는 중도일 수 없다. 그런 식이라면 그 A는 며칠 동안 소멸이라는 사실로 존재했을 것이다. 나가르주나는 이것을 용납하지 않는다. 그는 어떤 판단도 이원적인 대립을 통해서 성립한다고 생각한다. 그런데 이 대립은 적대적이지 않고 서로 기대고 있다. '있다'는 판단은 벌써 '없다'는 판단을 배경으로 한다. '있다'는 판단은 사실 '없지 않고 있다'는 말이다. 반대도 마찬가지다.

나가르주나는 한쪽을 선택하고 한쪽을 배제하는 판단은 늘 오류라고 지적한다. '있음'을 배제하고 '없음'을 지지한다고 하면 사실 자신을 부정한 꼴이 된다. 왜냐하면 '있음'에 기대고서야 '없음'이 성립하기 때문이다. 중도라는 말은 어떤 사건이나 사태에 대해 저런 식으로 판단하는 것에 대한 문제 제기다. 그렇다면 어떻게 해야 하나. 나가르주나는 그것을 부정으로밖에 표현할 수 없다고 말한다. 사건이나 사태의 본질은 '있음'도 아니고 '없음'도 아니다. 그것은 중도로 드러날 뿐이며, 또한 공할 뿐이다. 「귀경게」에서 언급한 여덟 가지 관념은 언어·의식·행위를 가장 밑바닥에서 떠받친 것이다. 하지만 우리는 한 번도 저런 것들을 검증한 적이 없다. 그냥 받아서 쓴다.

한역된 『중론』에서 주석자 핑갈라는 이 여덟 가지 부정을 씨앗과 싹에 비유해서 설명한다. 봄날 모판에 볍씨가 싹을 틔우는 것을 상상해 보라. 이 사태를 보고 우리는 씨앗에서 싹이 났다고 판단한다. 양파나 묵은 콩에서 싹이 나는 것은 예사다. 나가르주나는 너무도 건전한 이런 판단에 대해서 시비를 건다. 씨앗과 싹의 관계는 철학적으로는 원인과 결과의 문제다. 물론 씨앗이 원인이고 싹이 결과로 보인다. 인과론이라는 말도 가능하다.

"발생하지 않고[不生], 소멸하지도 않는다[不滅]." 여기서는 실체론 입장의 발생과 소멸을 비판한다. 『중론』에서는 원인에 결과가 이미 존재했느냐 그렇지 않느냐 문제로 돌려 본다. 원인에서 결과가 발생하는 것도 아니고, 그렇다고 원인과 전혀 무관하게 발생하기에 원인이 소멸하는 것도 아니다. 씨앗에서 싹이 틀 때 싹이 씨앗 안에 이미 있었다고 한다면 어떨까. 그렇다면 이미 있던 싹과 실제 튼 싹 둘이 있게 된다. 이것은 중복의 오류다. 싹이 씨앗에 없었다면 어떨까. 씨앗에 없던 싹이 텄다. 싹과 씨앗은 무관하다는 이야기다. 싹이 틀 때 씨앗은 그냥 의미 없이 사라지고 말아야 한다. 그런데 이럴 경우 싹은 굳이 씨앗에서 발생할 필요가 없다. 이것도 마찬가지로 오류다.

"항상하지도 않고[不常] 단절되지도 않는다[不斷]." 이것은 결과가 발생할 때, 원인이 결과로 변함없이 지속되는 것도 아니고, 원인이 결과와 완전히 단절되어 발생하는 것도 아니라는 이야기다. 씨앗에 이미 있던 싹이 텄다면 이미 있던 싹은 지속된 것이다. 그런데 앞서도 보았듯 그렇게 되면 싹이 둘이 되는 오류를 범하게 된다. 그래서 지속을 말하지 못한다. 반대로 씨앗에 싹이 없어서 전혀 다른 곳으로부터 싹이 출현했다면 씨앗과 싹은 전혀 별개의 것이다. 그렇다면 우리는 굳이 감자 씨앗이 아니라 전봇대에서도 감자 싹을 기대할 수 있다. 이렇게 한 사물이나 사태에 대해 쉽게 지속과 단절을 말할 수 없다.

 "동일하지도 않고[不一], 상이하지도 않다[不異]." 이것은 동일과 차이에 대한 도전이다. 씨앗과 싹의 경우에서 보자면 이것은 원인과 결과의 동일과 차이를 표적으로 한다. 지속과 단절의 부정을 통해서 동일과 차이의 부정을 쉽게 도출할 수 있다. 씨앗에 있던 싹이 결과로서 싹으로 지속된다면 원인과 결과가 동일한 경우다. 아울러 싹이 씨앗과 무관하게 발생했다면 원인으로서 씨앗과 결과로서 싹은 전혀 다른 무엇이다. 이렇게 원인과 결과의 동일과 차이라는 상반성이 등장한다. 지속이 부정되면 동일을 말할 수 없고, 단절이 부정되면 차이를 말할 수 없다.

 "오지도 않고[不來] 가지도 않는다[不去]." 여기서 오고 감도 원인과 결과의 문제로 다룰 수 있다. 원인에서 결과로 진행되는 것도 아니고, 그렇다고 전혀 엉뚱하게 결과가 발생하는 것도 아니다. 씨앗에 있던 싹의 원인이 싹으로 그대로 가는 것[去]도 아니고, 싹이 씨앗이 아닌 전혀 엉뚱한 곳에서 오는 것[來]도 아니다. 여기서 오고 감을 원인과 결과 문제와 관련시켰지만『중론』두번째 품인「움직임에 대한 고찰」에서는 운동의 관점에서 오고 감을 다룬다. 하지만 사실 출발은 동일하다.

 지금까지 여덟 가지 부정을 '씨앗과 싹'이라는 관계를 통해서 설명했지만 팔불중도가 단지 '원인-결과'라는 방식에 한정되지는 않는다. 그것은 당연히 철학 일반으로 확장된다. 더구나 이런 여덟 가지 부정의 논리는 중관철학 내부에서만이 아니라 대승불교의 다양한 교리체계에서 작동한다. 명확하게 영향관계를 확인할 수 있는 경우도 있고, 그 영향을 알아챌 수 없는 경우도 있다. 하지만 중국에서 나가르주나를 '여덟 가지 불교 종파의 선구자'[八宗之祖]로 묘사하는 데서 알 수 있듯 그의 중관철학은 전방위적으로 영향을 미쳤다. 좀 엉뚱해 보이는 곳에서도 그것은 활동했다.

「중론」의 변증법

변증법이라는 말이 조금 어색할 수도 있겠다. 그런데 그리 불편해 할 필요는 없다. 변증법은 주장과 반론을 통해서 보다 높은 단계로 논의를 상승시키는 논증 기술이다. 만약 이 정도로 변증법을 이해하면 우리는 『중론』의 논리도 변증법이라 할 수 있다. 우리가 헤겔이나 맑스의 변증법을 먼저 떠올리지만 변증법 자체는 서양철학에서 오래된 철학 방법이다. 소크라테스의 대화술이나 칸트의 변증론도 변증법 역사의 일부다. 그 역사만큼 다양한 방식의 변증법이 존재한다. 그럼 나가르주나는 어떤 식의 변증법을 구사할까. 그는 귀류법[歸謬法]을 사용한다. 이 방법은 논증을 통해서 상대방 주장을 오류[謬]로 귀결[歸]시키는 방식이다. 인도철학에서는 프라상가^{prāsaṅga}라고 한다. 자신의 주장을 증명하는 게 아니라 상대방의 주장을 논리로 파괴한다.

2. 공은 무엇이 아닌가 · 43

나가르주나가 『중론』에서 사용한 논리도 이 귀류법과 관련된다. 그는 이 방법으로 논적을 궁지로 몰아넣었다. 그는 일체 판단을 네 가지 형식[四句, Catuhkoṭi]에 가둔다. 적어도 이 사구 형식은 인도에서 꽤 오랜 역사를 가진다. 이 네 가지 판단 형식을 사용하는 인도철학에서는 난문 자체를 건드리지 않은 채 문제를 해결하려고 노력하지만 붓다는 저런 난문을 떠올리는 우리의 사고방식을 문제 삼는다.(김성철, 『중관사상』, 119쪽) 만동자가 붓다에게 던진 열네 가지 질문에서도 나타난다. 그는 붓다에게 여래는 사후에 "존재하는가, 존재하지 않는가, 존재하면서 존재하지 않는가, 존재하는 것도 아니고 존재하지 않는 것도 아닌가?" 질문한다. 어찌 보면 대단히 예리한 질문이다. 네 가지 판단을 논증식으로 바꾸면 다음과 같다.

제1구 그것은 A이다.(A)
제2구 그것은 A가 아니다.(~A)
제3구 그것은 A이면서 A가 아니다.(A∩~A)
제4구 그것은 A도 아니면서 A가 아닌 것도 아니다.(~A∩~~A)

(김성철, 「용수의 중관 논리의 기원」, 189쪽)

나가르주나가 보기에 어떤 사태에 대한 인간의 판단은 이 네 형식을 벗어나지 않는다. 형이상학적 문제는 물론이고 일상의 판단도 여기에 걸려든다. 나가르주나는 네 가지 판단이 각각 오류임을 밝힌다. 그래서 4구부정四句否定으로 불린다. 예를 들어보자. 밖에서 바람 불고 비 내린다. 진짜 그럴까. 우리의 일상적 판단, 혹은 문법적 기술에 따르면 가장 근본적인 틀은 '주어와 술어' 구조다. 얼른 눈치챌 수 있겠지만 언어가 가능하려면 이 둘은 완전히 분리될 수 있어야 한다. 각각 실체여야 한다는 말이다. 여기서 나르가주나는 질문한다. 어떤 바람이 불고, 어떤 비가 내린단 말인가. 그는 우리의 판단을 결국 네 가지 형식으로 몰고 간다.

제1구 '내리는 비'가 내린다.
제2구 '내리지 않는 비'가 내린다.
제3구 '내리면서 내리지 않는 비'가 내린다.
제4구 '내리는 것도 아니고 내리지 않는 것도 아닌 비'가 내린다.

비 내림도 꽤 복잡하다. 여기서 비는 먼저 나온 4구식의 A에 해당한다. 세상에 존재하거나 아니면 논리적으로 상상할 수 있는 비는 네 가지다. 뭐 바람도 마찬가지다. "바람이 분다"는 판단을 위에 그냥 대입하면 된다. 가만히 생각해 보자. 어떤 비가 내리나. 이렇게 쉽게 이야기할 수 있다. "내리는 저 비가 내리지 않냐. 안 보이냐!" 당연하다. 안 내리는 비는 본 적이 없기 때문에 이렇게 이야기해야 한다. 자. 여기서 시작하자. 저 네 가지 판단 형식을 일종의 사고 유형으로 간주하겠다.

제1구적 사고는 지금 내리고 있는 저 비를 보고 하는 말이다. "내리는 비가 내린다." 여기서 '비'는 이미 '내리는'이라는 술어를 포함한다. 이렇게 되면 비는 두 번 내리는 꼴이 된다. '내리는 비'에서 한 번 내리고, '비가 내린다'에서 또 한 번 내린다. 거의 마술 수준이지 않은가. 논리학에서는 이것을 중복의 오류라고 한다. 그럼 "비가 내린다"는 판단을 위해 '내리지 않는 비'가 필요하다고 느낄 것이다. 제2구적 사고는 '내리지 않는 비'를 상상한다. 이것은 그야말로 상상이다. 아니 상상하기도 힘들다. 혹시 내리지 않는 비를 보았나. 내리지 않고 땅위에 뒹굴거나 아니면 하늘에 멈춘 비 말이다. 일상에서 우리는 저런 것을 빗물이라고 하고 저런 것을 구름이라고 한다. 결코 비가 아니다. 이 두번째 사고는 사실을 위배한다. 내리지 않는 비는 없다.

제3구적 사고는 어떨까. 상호 모순된 두 가지 사실이 동시에 존재한다. 모순판단이다. 빛과 어둠이 함께 존재하는 꼴이다. 더구나 제1구와 제2구가 부정되면 제3구도 당연히 부정된다. 부정의 합은 부정이다. 제4구적 사고는 인과론의 측면에서 생각하면 무인론에 해당한다. 나가르주나는 『중론』의 「작용과 작용자에 대한 고찰」에서 무인론을 '죽음의 늪'처럼 묘사했다. 원인도 결과도 없고, 행위도 행위자도 없다. 그야말로 아무것도 아니다.

사실 『중론』을 위시한 중관철학 텍스트는 제1구적 사고와 제2구적 사고를 집중적으로 공격한다. 두 사고가 부정되면 제3구와 제

4구는 수월하게 부정되기 때문이다. 그런데 이런 논리가 단순히 논증 수준에 멈추지 않는다는 사실에 주의해야 한다. 비와 내림은 주체와 작용 혹은 실체와 속성 정도로 돌려서 설명할 수 있다. 『중론』에서 비판하는 이런 대립적인 구조는 원인과 결과라는 도식이 대표한다. 원인에서 결과가 나온다는 일상적 판단이나 행위자가 행위한다는 판단은 너무도 당연하지만 나가르주나는 여기에 문제를 제기한다. 씨앗과 싹 비유로 다시 한번 네 가지 판단 형식을 이야기해 보자.

제1구 '씨앗에 있는 싹'이 텄다.[有]
제2구 '씨앗에 있지 않은 싹'이 텄다.[非有]
제3구 '씨앗에 있으면서 없는 싹'이 텄다.[有而無]
제4구 '씨앗에 있지 않고 없지도 않은 싹'이 텄다.[非有非無]

위 사구는 사실 "비가 내린다"는 판단에 대한 사구부정과 다르지 않다. 제1구는 씨앗에 있던 싹이 싹을 틔울 경우 싹이 둘인 셈이다. 중복 오류에 빠진다. 제2구는 씨앗에 전혀 없던 싹이 텄다. 전혀 무관한 싹이 텄기에 이렇게 되면 책상 위에서도 싹이 터야 한다. 이렇게 되면 우리집 백구가 얼룩송아지를 낳지 말란 법도 없다. 내리지 않는 비가 내리는 식이다. 사실을 위배했다. 제3구는 싹 전체는 아니고 일부만 씨앗에서 나오고 나머지는 다른 데서 나왔다는 표현이다. 이것을 조금 바꿔서 말하면 원인이 씨앗에 있으면서도 또한 씨앗에 없는 경우라고 할 수 있다. "무언가 있으면서 동시에 없다는 것은 모순된다. 마치 빛과 어둠이 공존할 수 없듯이 있음과 없음은 공존할 수 없기 때문이다."(김성철, 『중론, 논리로부터의 해탈, 논리에 의한 해탈』, 51쪽) 철학적으로 모순판단이라고 할 수 있다.

이렇게 보면 존재냐 비존재냐 문제가 아니다. 어떤 게 오더라도 이런 형식에 구속된다. '내리다', '가다', '오다', '생기다'……. 뭐든 가능하다. 여기에 걸린다. 이런 형식에서 보면 존재냐 비존재냐 문제가 철학적으로 가장 고차원의 것일 필요가 없다. 이것도 단지 피해야 할 배타적인 개념일 뿐이다. 제4구는 존재도 아니고 '비존재도 아닌 무엇이 행위자가 되면 아무 문제가 없지 않느냐'는 물음이다. 우리가 계속 존재도 아니고 비존재도 아닌 게 중도라고 했기 때문에 이런 물음에 솔깃할 수 있다. 하지만 중도나 공은 결코 그 무엇을 상정하지 않는다.

존재와 비존재

세상에 있음과 없음을 비켜나서 존재하는 게 있을까. 그것은 '사람은 여자 아니면 남자'라는 도식과 비슷하다. 빠져나갈 게 하나 없어 보이지만 꽤 많이 빠져나간다. 양성자 같은 이러저러한 형식의 인간이 존재한다. 마찬가지로 '사물은 존재 아니면 비존재'라는 판단도 부실하다. 대승불교는 저런 것 대신 '사물은 공하다'고 선언한다. 공은 저 둘을 비켜나기보다 저 둘을 파괴한다. 공은 존재와 비존재를 벗어난 제3지대가 아니다. 존재자는 연기하기 때문에 공하다. 존재자는 존재도 비존재도 아니기에 또한 중도일 수밖에 없고 그래서 모든 이름은 가명이다. 중도는 '독단적이고 배타적인 이원론을 피하는 방식'이라고 했다. 배타적인 이원론은 존재와 비존재뿐만 아니라 원인과 결과, 생성과 소멸, 행위자와 행위 등 우리의 언어와 사유 속에 수없이 많다.

> 모든 존재자에서 존재나 비존재를 보는 어리석은 자들은 대상이 가라앉은 고요한 상태의 상서로움(적멸)을 보지 못한다. (『중론』「여섯 범주에 대한 고찰」, 5-8)

『중론』 '귀경게'나 『반야심경』을 연상시키는 대목이다. 가만히 생각해 보자. 존재한다고 하면 '뭔가 존재'하는 것이지 그냥 '존재함'이 따로 있는 게 아니다. 우리는 존재한다고 할 때 그 뭔가를 상정해야 한다. 불교적으로 말하자면 자성自性을 가진 존재자가 존재함이다. 나가르주나는 '자성은 만들어지지 않고 다른 존재에 의존하지 않고 성립된 것'이라고 정의했다. 존재라면 이런 게 존재하는 거고 비존재라면 이런 게 사라진 것이다. 그런데 불교의 대원칙인 연기론의 입장에 서면 우리는 세계에서 완벽하게 한 사물을 분리해 낼 수 없다. 우리가 바라보는 화면에서 사물을 오려 낼 수 없다. 만약 그렇게 하면 그것을 존재하게 하는 숱한 관계를 절단해야 한다. 그런데 그때부터 그것은 그것이 아니다. 심하게 말하면 그 존재는 혈맥과 신경이 끊긴 듯 절대적 죽음을 맞이한다. 마치 내게서 엄마와 얽힌 기억을 완전히 지우면 나일 수 없는 것과 같다.

"나는 누가 뭐래도 존재해." "난 누구도 아니고 나야." 이런 말은 '너 없이도 난 얼마든지 존재한다'는 독단론이다. 거꾸로 '내가 없다'라는 말에도 시비 걸 수 있다. '너 있어도 나 없다'는 말이다. 마찬가지로 독단론이다. 저것이 있든 없든 관계없이 나는 부재다. 내가 스스로 부재한다는 것은 스스로 존재하는 것과 별로 다르지 않다. 네가 있든 없든 존재하는 내가 이제 부재한다는 말이다. 그래서 존재냐 비존재냐 고민하는 자도 결국 실체론자이다. 나가르주나는 죽느냐 사느냐 고민하지 않는다. 그런 건 잠 못 드는 여름밤 하릴없이 해대는 한가한 고민이다.

『중론』 주석자 핑갈라는 위 게송을 해석하면서 어리석은 자는 사물이 발생할 때나 소멸할 때 그것의 특징[相]을 취해서 존재라거나 비존재라고 판단한다고 본다. 여기서 상相은 사물에 특징을 부여하고 정체를 밝히는 정의定義라고 할 수 있다. (가지야마 유이치, 『공의 논리』, 65쪽) 대상에 대해서 끊임없이 의미를 부여하고 그것을 도드라지게 한다. 이런 경향이 「귀경게」에서 말한 희론이다. 곧 망상이다. 나가르주나가 말하는 고요한 상태는 의식이 잠잠해진 상황이다. 핑갈라는 지혜로운 사람은 사물이 발생할 때 비존재의 견해를 제거하고, 사물이 소멸할 때는 존재라는 견해를 제거한다고 말한다.

이렇게 공은 세계를 바로 보라는 촉구이다. 그런데 오래전부터 공에 대한 심각한 오해가 있다. 공을 비존재로 보는 경우와 공을 현상 배후의 실체로 보는 경우다. 중국 남송 때 유학자 주희는 불교를 '허무적멸'의 도라고 비난했다. 그는 대승불교가 말하는 공이나 무심을 허무나 인생낙오 정도로 해석했다. 이후 조선의 유학자들은 불교를 반사회적이고 불온한 술수 정도로 여겼다. 또 어떤 이는 유학자와 달리 공이나 비유비무라는 말을 듣고 마치 공이라는 신비로운 지대가 있다고 착각한다. 공을 태초의 무엇 정도로 이야기하는 경우도 있다. 또한 공을 『노자』에서 말하는 있는 듯 없는 듯한 경지나 아니면 미분화된 시원 정도로 오해한다. 또는 무슨 에너지나 기[氣] 같은 것으로 기분 좋게 이해한다. 태초의 혼돈(카오스)을 상상하는 경우도 있다. 『노자』에서 이렇게 말한다.

> 천지 사이는 풀무와 같구나. 텅 비어 있는데도 기운이 사그라지지 않고, 움직여서는 끊임없이 생성하고 또 생성한다.(『노자』, 5장)

유명한 구절이다. '하늘과 땅 사이'는 텅 빈[虛] 상태지만 멈추지 않고 생성의 능력을 발휘한다. 이것을 비존재로 곧잘 연결한다. "천하 만물은 존재[有]에서 발생하고, 존재는 비존재[無]에서 발생한다." 노자는 비존재를 존재와 상대되는 수준이 아니라 존재의 근원으로 취급한다. 비존재는 노자가 말하는 도와 연결된다. "이름할 수 있는 도는 늘 그러한 도가 아니다." 도는 아직 정형화되지 않은 무엇이다. 그래서 가물가물하다 했다. 그런데 세계는 여기서 산출된다. 그것은 존재와 비존재의 형식을 거쳐서 만물까지 당도한다.

고대 중국에서 존재와 비존재 논의는 대부분 세계의 본원이나 세계의 발생에 대한 관심에서 출발한다. 서양철학 용어를 빌리자면 우주론이나 형이상학이라고 할 수 있다. 물론 도나 기를 인간이나 사물을 초월한 존재로 보느냐 아니면 사물에 내재한 것으로 보느냐 차이는 있다. 초월성과 내재성의 구분이라고 할까. 하지만 기본적으로 저런 형이상학적 형식은 버릴 수 없다. 노자의 도道와 마찬가지로 태극이나 무극, 태허나 무 등은 발생론 차원에서 이해된다. 신비주의에 익숙한 사람은 이런 것들이 괜히 좋겠지만 그렇다고 불교의 공 개념과 혼동해서는 안 된다. 위진 시대 일부 불교인은 공을 '본무'本無라는 개념으로 이해했다. 중국 수나라 승려 길장吉藏 549~623은 3~4세기 중국인들의 다양한 공 이해를 소개한다.

> 근원적 비존재[本無]란 무슨 뜻일까. 아직 만물이 생겨나기 전에 비존재가 있었다. 그래서 비존재에서 존재가 출현한다. 비존재는 존재에 앞서 있고 존재는 비존재 뒤에 있다. 그럼으로 근원적 비존재[본무]라고 한다. (길장, 『중론소』; 모리미키 사부로, 『불교와 노장사상』, 146쪽)

여기서 '본'은 본래나 근원의 의미로 시간적으로 앞선다는 뜻이다. 세계의 출처로서 비존재이다. 비존재와 존재를 각각 근본[本]과 지말[末]로 보는 사고다. 또한 여기서 존재와 비존재는 하나의 실체다. 근원성을 지닌 비존재는 고대 중국에 만연했던 공에 대한 한 이해였다. 공 개념에는 본래 발생론적인 사고가 존재하지 않는다. 지금은 그것을 과학적으로 해석한답시고 장場, field 이론이나 에네르기 개념과 비교한다. 실은 이런 것도 존재와 비존재의 논의 틀에 갇혀 있다. 공 개념이 무가 아니라는 사실을 주목하여 형상은 없지만 실질적인 작용이나 활동, 혹은 힘을 가진 것으로 설명하려 한다. 이것은 우주를 산출한 신의 역능과 별로 다르지 않다. 신은 무한자이자 초월자이기에 형체는 없지만 그 무한한 능력을 보인다. 그때 신은 오직 힘만으로 표현된다. 공은 신이 아니고 브라흐만이 아니다. 또 한 가지 오해는 세계의 바탕으로서 공이자 무이다. 존재와 비존재의 '공통 기반인 장소'이다.(타니 타다시, 『무상의 철학』, 82쪽)

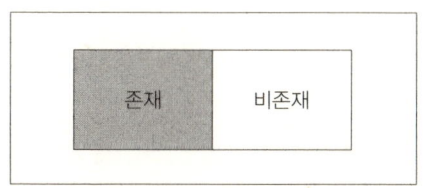

여기서 존재와 비존재를 초월한 장소가 있다. 컴퓨터 바탕화면 같은 의미에서 공이자 무이다. 이렇게 보면 존재와 비존재도 연신 부침하는 현상세계일 뿐이다. 일본 근대 저명한 철학자 니시다 기타로西田幾多郎, 1870~1945는 존재와 비존재, 객관과 주관이 부재하는 장소를 이야기한다. 그는 절대무라고 했다. 객관이나 주관은 절대무가 자기를 한정하면서 표현된다. 무한자는 그 자체로서 드러나지 않고 스스로 제한하면서 드러날 수밖에 없다. 이런 것은 공간적으로 바탕이지만 심연 같은 깊이로 이야기할 수 있다. 그런데 공空은 공통 기반이나 현상의 배후가 아니다. 존재의 심연도 아니다. 오히려 저런 장소나 심연을 부정한다. 만약 불교도가 저런 것을 즐긴다면 외도되기 십상이다.

 나가르주나는 『중론』에서 배타적인 이원론을 기피하기 위해서 중도라는 말을 사용한다. 여기에는 실재와 현상, 본체와 속성 같은 구조도 포함된다. 세계를 주재하는 신神이나 아니면 일체 존재의 본질로서 본체 같은 것으로 공을 취급해서는 안 된다. 모든 것은 연기하기에 실체가 없고, 실체가 없기에 주체와 행위 관계로 사태를 해석할 수 없다. 한번 생각해 보자. '뭔가 있다' 혹은 '뭔가 없다'고 하려는데 그 뭔가를 자신 있게 내뱉을 수 없다면 '있다 없다'를 판단할 수 있을까. 아마 힘들 것이다. 그런데도 허무나 세계 배후로 공 개념을 이해하는 것은 나가르주나에 대한 인신공격에 다름 아니다.

색즉시공

색즉시공이라는 말은 불교인이 아니더라도 들어 봄 직하다. 이 말 자체는 『반야심경』에 등장한다. 여기서 색은 인간을 구성하는 다섯 가지 요소 가운데 하나다. 여색의 색이 아니다. 초기불교에서 인간은 신체[色], 느낌[受], 지각[想], 의욕[行], 의식[識] 등 다섯 가지로 구성된다고 보았다. 인간은 이 다섯 요소 혹은 다섯 활동의 구조물이다. 이것을 벗어나 별도 존재하는 '나'는 인정하지 않는다. 초기불교나 부파불교에서는 이 다섯을 비록 찰나지만 존재[法]로 인정한다. 대승불교에서는 이런 요소론적 실재론을 거부한다. 저런 '다섯 구성 요소도 실체 없다'[五蘊皆空]고 잘라 말한다.

> 사리자여, 색이 공과 다르지 않고, 공이 색과 다르지 않으며, '색 그대로 공이며'[色卽是空] '공 그대로 색이다.'[空卽是色] (현장 역, 『반야심경』)

『반야심경』에서 붓다는 제자 사리자에게 존재의 실상을 알려 준다. 색은 다섯 요소를 대표한다. 색 대신 나머지 넷을 넣어도 마찬가지다. 『반야심경』에서는 다섯 요소가 모두 공함을 철저히 알고서 일체 고통과 액난을 해결한다고 했다. 실체론의 격파가 고통 소멸과 자유 성취라는 불교의 목표까지 이끈다는 말이다. 대승불교에서는 신체도 닫힌 존재로 자립할 수 없다고 본다. 지금 신체 작동은 온갖 관계 속에 있다. 복잡다단한 계열을 신체가 모두 관장하거나 장악할 수 없다. 거기에서 신체로서 특징[相]을 찾을 수 없다. 그래서 실체로서 색과 공이 있어서 그것이 동일하다고 이해해서는 안 된다. 색즉시공은 그야말로 색이 공하다는 표현이다.

문제는 다음이다. '공 그대로 색'이라는 말은 무슨 의미일까. 공이 태초에 존재한 무도 아니고 신 같은 초월자도 아니라는 점을 기억해야 한다. 만약 그런 게 있다면 우리는 신체나 느낌 바깥에서 그것을 찾을 수 있어야 한다. 그런데 공은 '무엇이 공하다'는 형태로 사용된다. 우리는 완벽하게 빈 공간에서 공을 말하지 못한다. 공은 연기[緣起]하고 있는 사물에 대한 이야기이기 때문이다. 나가르주나는 모든 존재자는 연기하기 때문에 공하다고 말했다. 연기하지 않는 곳에서 공 개념은 성립하지 않는다. 아울러 '중도'라는 말이 우리가 언제나 시도하는 어떤 판단에 대한 시선 교정이라는 점도 기억해야 한다. 우리의 시선이나 사유가 없는 곳에서 아무리 공을 외쳐 봐도 소용없다.

공이라고 하면 연기와 중도를 먼저 떠올려야 한다. 연기하는 곳에서 다섯 가지 요소가 말하는 신체나 느낌 같은 사건이 발생하지만 그것에 결코 실체라는 티켓을 발행할 수는 없다. 또한 공이라는 것에도 실체의 칭호를 부여할 수 없다. 버리지 못하는 실체론적 버릇은 '색즉시공, 공즉시색'이라는 말을 듣고 옳구나 하며 실체와 속성 아니면 실재와 현상 같은 형이상학을 동원한다. 공=본질, 색=현상 또는 체[體](본질)와 용[用](속성)의 도식을 들이밀지도 모른다. 정확히 틀렸다. 『반야심경』에서도 마찬가지지만 『중론』에서도 저런 대립적인 개념이 불가능하다고 힘주어 말한다. 공사상을 말하는 대승불교 경론에서 대립적인 두 개념을 동일한 것으로 간주하는 표현이 많다. 『유마경』에서는 이렇게 말한다.

> 무엇이 평등인가요? 나와 열반이 둘 아님이 평등입니다. 왜냐하면 나의 본성이나 열반의 본성이나 모두 비어 있기 때문입니다. (장순용 옮김, 『유마경』, 「문수사리 보살의 병문안」, 111쪽)

여기서 평등이라는 말에 주의하자. 불교에서 평등은 대부분 의식의 안정 상태를 가리킨다. 분별이 해소되고 대상을 바로 볼 수 있는 상황이라고 할 수도 있다. 반야경 계통 텍스트에 자주 등장하는 이런 표현은 바로 부정적 동일성이다. 범부인 나와 열반이 어찌 동일할 수 있나. 절간을 오르다 만난 눈 푸른 수행자가 나와 별반 차이 없다고 그리 쉽게 단정하겠나. 분명 다를 것이다. 공사상은 이 정도를 말하지 않는다. 훨씬 본질적인 문제를 다룬다. 우리가 저 둘이 다르다고 할 때 벌써 사바세계에 허우적대는 나는 분명 나고, 거기를 훌쩍 벗어난 열반은 또 분명 열반이라고 생각한다. 바로 공사상은 이 점을 공략한다. 『유마경』에서도 곧바로 지적한다. 둘은 부정됐기에 하나일 수 있다. 내가 부정되기 때문에 너를 만날 수 있다는 논리다.

색즉시공도 부정적 동일성을 말한다. 이런 부정적 동일성은 '번뇌즉보리'니 '생사즉열반'이니 하는 방식으로 소개됐다. 번뇌에 휩싸인 내가 부처라고 우쭐댈 필요는 없다. 『중론』 제16품은 「속박[縛]과 해탈[解]에 대한 고찰」이다. 『중론』의 여러 품이 그러하듯 배타적인 도식을 부순다. 이런 파괴를 통해서만 즉(卽)이라는 표현이 붙을 수 있다. 속박이라는 말은 번뇌나 생사의 의미로 사용할 수 있다. 잘못된 사고에 속박되는 게 바로 번뇌이고 그렇기 때문에 우리는 끊임없이 나고 죽음으로 윤회한다. 불교에서 깨달음은 바로 번뇌를 떨치고 결국 윤회를 끊는 것을 가리킨다.

『중론』의 한역자인 구마라집은 윤회(saṃsāra)를 왕래(往來)라고 번역했다. 오고 감이다. 이쪽에 있다가 저쪽으로 가는 거고[往] 저쪽에서 보면 이쪽으로 뭔가가 오는 거다[來]. 윤회라는 말은 중생이 여섯 세계[六道]를 오가는 것을 두고 하는 말이다. 이 세계를 오간다는 말은 나고 죽고 다시 나는 과정이다. 나가르주나는 묻는다. "무엇이 오고 갈까?" 나가르주나는 옮겨 다니는 주체를 거부한다. 중생이 여섯 세계를 오고 간다고 할 때, 그 중생은 도대체 어디에 있나. 중생은 몸에 있나? 중생이 몸을 가지고 왕래한다면 그 몸이 다른 몸으로 밀고 들어갈 수는 없다. 몸이 없었다면 어떤가. 그것은 부재다. 도대체 뭐가 다시 태어난단 말인가. 있다고 해도 틀리고, 없다고 해도 틀린다.

속박된 자는 해탈하지 못한다. 왜 그런가? 이미 속박되어 있기 때문이다. 속박되지 않은 자도 역시 해탈하지 못한다. 왜 그런가? 속박이 없었기 때문이다.(『중론』, 「속박과 해탈에 대한 고찰」, 16-8)

일반적으로 열반은 번뇌가 소멸한 경지라고 말한다. 나가르주나는 열반에 대한 이런 정의에 대해서도 다시 질문을 던진다. "열반의 상태가 되면 모든 조작된 존재자가 소멸하든지 중생이 소멸한다고 말한다." 하지만 제행諸行도 자성自性이 없고, 중생도 포착할 수 없다. 도대체 뭐가 소멸한단 말인가. 마치 "토끼 뿔이 빠졌다"는 말처럼 오류다. "나는 이제 사랑 안 할래"라고 하자 옆에서 웃는다. "너 언제 사랑 같은 거 하긴 했니? 사랑이 있기나 한 거니?" 나가르주나는 번뇌라는 실체를 상정하고 그것을 지우는 것으로 열반을 생각해서는 곤란하다고 말한다.

'속박에서 해탈한다'는 판단을 네 가지 부정 형식 가운데 제1구와 제2구로 비판했다. 속박된 자가 속박에서 벗어나든지 속박되지 않은 자가 속박에서 벗어나든지 해야 한다. 내리는 비가 멈추지는 않는다. 지금 내리고 있기 때문이다. 또한 감옥 밖에서 탈옥하는 자는 없다. 미치지 않고야 그렇게 외칠 수 없다. 나가르주나는 불교가 가장 소중히 여긴 개념들을 하나씩 끄집어내어 이렇게 내동댕이친다. 그는 극한의 예를 들고 있다.

생사를 떠나서 따로 열반이 존재하는 것은 아니다. 실상의 이치가 이러하니 어떻게 생사와 열반을 분별하겠는가?(『중론』,「속박과 해탈에 대한 고찰」, 16-10)

여기서 만약 '생사즉열반'이라는 말이 가능하다면 이것은 색즉시공처럼 분명 부정적 동일성이다. 결코 요상하거나 신비한 이야기가 아니다. 열반이나 해탈은 번뇌나 생사를 실체로 보고 그것과 대항할 때만 가능하다. 나가르주나가 보기에 이런 경우는 벗어난다고 하면서 오히려 그것을 실체로 만들어 속박되는 꼴이다. 즉(卽)이라는 표현은 '귀경게'에 등장하는 역(亦)이라는 표현과 닮았다. 여덟 가지 부정에서 네 쌍의 대립 개념을 동시에 부정한다. 생사는 열반을 부정해 버리고 열반은 생사를 부정해 버린다.

가는 놈은 가지 않는다

탄생의 비밀
무상과 공
가는 놈은 가지 않는다
과거·현재·미래의 몰락

• 가는 놈은 가지 않는다

탄생의 비밀

『중론』 27개 품品이 내건 제목은 대부분 논쟁할 주제와 관련된다. 한역漢譯 『중론』의 첫품은 「관인연품」觀因緣品으로 명명되어 있다. 나가르주나는 그답게 정면으로 승부한다. 그는 '인연'이라는 불교의 지상 원리와 대결한다. 승려 나가르주나는 마치 불교 자체에 도전하는 듯 보인다. 얼른 보기엔 파문감이다. 여기서 인연은 연기라 해도 좋다. 산스크리트 『중론』에서는 이 품을 "조건적인 원인에 대한 고찰"로 명명했다. 연기는 어떤 원인이나 조건 때문에 결과가 발생한다는 도식이다. 단순하게는 '원인과 결과'의 인과론이라고 할 수 있다. 뭔가 발생했는데 그것은 원인을 가진다는 판단이다. 아무 이유 없이 뭔가 일어난다는 우연론은 결정론 못지않게 비불교적이다.

「조건적인 원인에 대한 고찰」은 '귀경게'에서 언급한 여덟 가지 부정 가운데 굳이 말하자면 첫번째 '발생하지도 않고'[不生]에 해당한다. 물론 뭔가 발생했다고 하면 원인의 오고 감을 이야기하니 '오지도 않고 가지도 않는다'[不來不去]에도 걸치긴 한다. 그래도 이 품은 집중적으로 발생의 문제를 다룬다. '뭔가 발생한다'는 사태를 가만히 생각해 보자. "그녀가 아이를 낳았다." "나는 한국에서 태어났다." "꽃이 피었다." 이런 판단은 사실 사태 발생 이전에 벌써 실체로서 '그녀', '나', '꽃'을 상정한다. '태어나다'는 행위를 내가 가지고, '피다'는 행위를 꽃이 가지면 태어나기 전에 내가 있고, 피기 전에 꽃이 있다. 나가르주나는 발생(생성)이라는 사태가 갖는 실체론적 사고를 공격한다.

> 모든 존재는 자신으로부터 발생[自生]하지도 않고, 다른 어떤 것으로부터 발생[他生]하지도 않으며, 저 두 가지로부터 발생[共生]하지도 않고, 아무 원인 없이 발생[無因生]하지도 않는다. 그래서 발생하지 않음을 안다.(『중론』, 「조건적인 원인에 대한 고찰」, 1-3)

여기서 나가르주나는 '뭔가 발생했다'는 판단을 네 가지 형식으로 유형화했다. 온갖 발생은 어지간하면 여기에 다 걸린다. 좀더 정확히 말하면 이것은 발생 원인에 대한 논의다. 네 가지 유형을 한자어로 표현하면 자생, 타생, 공생, 무인생이다. 자생[自生]은 자기 원인으로 발생하는 경우다. 타생[他生]은 발생의 원인이 자신이 아니라 다른 데 있는 경우다. 공생共生은 발생의 원인이 자기와 타자에 모두 걸쳐 있는 경우다. 절반은 타생이고 절반은 자생이다. 무인생無因生은 이상의 어떤 원인도 없이 저절로 발생하는 경우다. "그냥 발생했다"고 할 수 있다.

    자기 원인으로 발생하는 것에 무엇이 있을까. 창조주 같은 분이 그럴 것이다. 창조주를 누가 창조했다면 우습지 않은가. 신은 대부분 자기 원인으로 존재한다. 다른 이의 손을 덜 탈수록 고귀해지는 법이다. 누가 도와줘서 신이 존재하면 인간 앞에서 체면이 안 설 것이다. 이런 경우도 가능하다. 우주적 순수체가 자신을 표현함으로써 현상이 존재한다. 본질적으로 현상은 저 순수체와 동일하다. 단지 드러나기 전과 드러난 후라는 차이밖에 없다. 여기서 우리는 원인과 결과가 동일하다는 사실을 알 수 있다. 또한 원인 안에 이미 결과가 있다고 할 수 있다. 그런데 원인과 결과가 같다면 결과의 발생은 실은 무의미한 반복이다. 굳이 결과가 발생할 필요가 없다. 이미 결과가 있으니 말이다.

    사실 자생을 부정할 수 있다면 "다른 어떤 것으로부터 발생했다"는 타생을 부정하기는 수월하다. 왜냐하면 '다른 어떤 것'은 그 자체로는 자기여야 한다. 독자적인 존재성을 가진 타자가 필요하다. 적어도 그 녀석은 자생이어야 다른 것을 발생시킬 수 있다. 이렇게 자생이 성립하지 않으면 타생은 당연히 성립할 수 없다. 다르게 설명할 수도 있다. 7세기경 인도의 철학자 찬드라키르티月稱

⁶⁰⁰?⁻⁶⁵⁰?는 타생에 대해서 "만일 다른 것을 원인으로 해서 다른 것이 생긴다면 등불로부터 암흑이 생겨야 한다"고 말한다.⁽ᵃᵏᵒ¹ ᵍᵒᵏᵃᵒ¹, 『중관사상연구』, 134쪽⁾ 타생은 전혀 관계가 없는 무엇을 원인으로 해서 어떤 것이 발생한다는 말이 아닌가. 암흑이 생면부지의 등불로부터 발생할 수도 있어야 한다. 이것은 사구부정 가운데 두번째 사실 위배의 오류에 해당할 것이다.

공생은 절반은 자생이고 절반은 타생인 경우다. 그런데 위에서 나가르주나나 중관학자가 자생과 타생이 성립할 수 없는 이유를 밝혔다. 『중론』 주석자 핑갈라는 이 공생은 오류를 두 번 범한다고 말한다. 사구부정에서 보면 이것은 세번째 모순 판단에 해당한다. 빛과 어둠이 공존할 수 없듯 이 판단은 성립할 수 없다. 무인생의 경우는 어떤 이유 없이 만물이 있는 것이다. 이것은 세계가 정지되었다고 할 수 있다. 그냥 있다고 주장하는 격이다. 이렇게 되면 세상은 원인 없는 결과들로 난무한다. 나는 정말 열심히 살았는데도 지옥에 떨어진다. 옥황상제한테 가서 나 진짜 착하게 살았다고 해본들 소용없다. 지옥이라는 과보는 내 삶[원인]을 거들떠보지도 않는다. 반대도 마찬가지다. 천당에도 악당들이 넘쳐날 것이다.

나가르주나는 '원인에서 결과가 나왔다'는 이 도식에 계속 딴죽 건다. A 때문에 B가 발생했다고 보일 때 우리는 A를 B의 원인이라고 부른다. 그런데 결과가 발생하기 전에 어떤 것을 원인이라고 말할 수 있을까. 결코 그럴 수 없다. 결과를 두 눈으로 똑똑히 확인하고 나서야 원인을 말할 수밖에 없다. 원인이라는 개념은 결과에 근거해야 성립하기 때문이다. 그래서 결과 발생 이전에 원인은 성립할 수 없다. 이렇게 되면 우리는 시간적으로 앞선 "원인에서 결과가 발생했다"는 말을 차마 내뱉을 수 없다. 그렇다면 원인은 없는가. 나가르주나는 말한다.

> 원인[緣] 속에 미리 결과가 있다거나 또는 없다거나 하는 것은 모두 불가능하다. 미리 없었다면 무엇을 위해 원인이 되며, 미리 있었다면 원인은 어디에 쓸 것인가. (『중론』, 「조건적인 원인에 대한 고찰」, 1-8)

개념어를 사용해서 표현하면 인중유과론과 인중무과론에 대한 비판이라고 할 수 있다. 이렇게 "결과가 원인에서 나왔다"는 말을 못한다고 해서 얼른 "결과는 원인과 무관해"라고 말하면 곤란하다. 원인 없이 그냥 결과가 불쑥 나왔다면 나와 아버지의 관계는 단절되고 만다. 나를 보고 어머니가 버선발로 뛰어 나오시지 않을 거다. 또한 사회사업가가 아닌 이상 자식 교육에 별로 그렇게 신경 쓰지 않을 것이다. 나가르주나가 네 가지 발생 유형을 비판한 것도 기존 인과론 도식에 대한 반성이라고 할 수 있다. '원인과 결과'라는 실체론적 개념에 기반한 인과론 도식을 적극적으로 거부한다. 아울러 불교의 연기법에 대한 의견도 제시한다.

독자적인 존재성이 없는 사물은 실재하는 것이 아니므로, "이것이 있기 때문에 다른 어떤 것이 있다"는 사실은 성립하지 않는다. (『중론』, 「조건적인 원인에 대한 고찰」, 1-12)

"이것이 있기 때문에 저것이 있고, 저것이 있기 때문에 이것이 있다"는 불교의 유명한 연기 공식이다. 나가르주나는 여기서 실체론의 경향을 읽어 낸다. 저것이 존재하기 위해서 이것의 실체를 인정해야 하는 꼴이다. 연기법을 설명하기 위해서 실체론을 인정하는 역설을 초래한다. '이것'도 온갖 인연에 의해 구성되기 때문에 '이것'이라고 규정할 만한 게 없고, 또한 이것이 실체가 아니기 때문에 '있다'는 판단도 불가능하다. 그렇다고 나가르주나가 불교의 대표 교리인 연기법 자체를 폐기하려 들지는 않는다. 그는 오히려 연기법을 극한까지 밀고 간다.

무상과 공

나가르주나가 말하는 공이나 중도는 분명 연기법의 연장이다. 하지만 앞서 보았듯 그는 "이것이 있으므로 저것이 있다"는 연기 공식을 서슴없이 비판한다. 기존 불교 교리에 대한 심각한 반성이다. 하지만 그것은 연기법의 반대가 아니라 연기법의 심화라고 할 수 있다. 이 점을 꼭 기억해야 한다. 불교 교리에 침투할지도 모르는 실체론적 사고를 경계한다. 초기불교에서는 연기법의 내용으로 무아나 무상을 말했다. 아비달마불교는 그것을 훨씬 분석적 방식으로 증명한다. 그들은 일체가 인과 관계 위에 놓여 있음을 보임으로써 독자적인 존재를 부정했다. 왜냐하면 "독자적인 존재, 실체적 존재라면 인과적 효력이 있을 수 없다."(뿔리간들라, 『인도철학』, 81쪽) 나가르주나는 『중론』에서 좀 다른 견해를 내놓는다. 그는 무상, 즉 변화 개념에 대해 문제를 제기한다.

초기불교에서는 제행무상[諸行無常]을 말했다. 여기서 '행'은 산스크리트 삼스크르타 sam skrta의 한자 번역어이다. 의미는 '만들어진 것'이다. 이것은 어떤 조건 아래서 조작됐다는 말이기도 하다. 조금 고쳐 보면 연기한다는 의미다. 이렇게 보면 제행무상은 "어떤 조건 아래서 만들어진 모든 것은 무상하다"로 풀 수 있다. 아니면 "연기하는 것은 모두 무상하다"이다. 고대 중국의 불경 번역가는 삼스크르타가 멈추지 않고 진행한다거나 지향의 의미를 갖기 때문에 행[行]이라는 한자어를 선택했다. 부파불교의 맥락에 따르면 이것은 작위된 것이기 때문에 유위[有爲]로 번역할 수 있다. 모든 존재가 끊임없이 생멸하지만 각 찰나에서 실재한다고 주장하는 설일체유부[說一切有部]는 존재의 궁극적 요소를 조작된 것과 그렇지 않은 것, 즉 유위법과 무위법으로 구분한다.

부파불교에서는 조작된 것은 세 가지 특징[三相]을 가진다고 본다. 그것은 생성[生]·지속[住]·소멸[滅]이다. 여기에 변화[異]를 넣어 네 가지 특징을 거론하기도 한다. 이것은 무상이나 변화의 섬세한 표현이라고 할 수 있다. 부파불교에서 말하는 유위법에는 단순히 우리 눈에 보이는 사물이 아니라 세계를 구성하는 기반으로서 여러 범주들이 포함된다. 소리나 형상뿐만 아니라 분노나 탐욕, 심지어 생성과 소멸도 하나의 범주로 인정한다. 이런 것들은 과거·현재·미래라는 시간 흐름 속에서도 흔들림 없이 존재한다고 말한다. 그런데 여기서 문제가 발생한다. 나가르주나는 이렇게 지적한다.

> 만약 생성[生]이 유위법이라면 [생성·지속·소멸이라는 존재의] 세 가지 속성들이 적용되어야 할 것이다.(『중론』, 「세 가지 특징에 대한 고찰」, 7-1)

이렇게 되면 어떻게 될까. 생성에도 세 가지 특징이 있고, 지속에도 세 가지 특징이 있고, 소멸에도 세 가지 특징이 있어야 한다. 여기서 끝나지 않는다. 생성의 생성도 생성·지속·소멸해야 한다. 생성의 생성의 생성으로 무한히 진행될 것이다. 결국 무한소급이라는 논리적 오류에 떨어지고 만다. 그런데 이런 게 싫어서 만약 생성·지속·소멸에는 세 가지 특징이 없다고 하면 생성·지속·소멸은 유위법이 아닌 게 된다. 그리고 나가르주나는 유위법이 세 가지 특징을 가진다는 이야기는 동일한 시간과 공간에서 세 가지 특징을 가진다는 의미라고 말한다. 그런데 발생할 때는 생성의 특징만 존재하고 지속과 소멸의 특징은 존재하지 않아야 한다.

모든 것은 이미 생성된 것에서 생성하지도 않고, 아직 생성되지 않은 것에서 생성하지도 않고, 생성되고 있는 것에서 생성하지도 않는다. 이것은 이미 「오고 감에 대한 고찰」에서 답했다.(『중론』, 「세 가지 특징에 대한 고찰」, 7-14)

사구부정 가운데 첫째와 둘째에 해당한다. 생성에 지속, 소멸 등을 대입해도 마찬가지다. 나가르주나는 지금 동일한 형식을 유위법의 세 가지 특징을 비판한다. 유위법 가운데 하나인 생성·지속·소멸이 각각 이 세 가지 특징을 가지는 경우도 비판한다. 생성이라는 면에서만 보자. 이미 생성한 게 다시 생성한다면 한 녀석에서 생성이 무한히 진행될 것이다. 첫번째 중복의 오류 내지 무한소급의 오류에 빠지고 만다. 두번째는 아직 생성하지도 않은 게 생성의 조건을 만난다는 이야기다. 아직 일어나지도 않은 불길이 수미산을 다 태웠다는 거짓말이다. 핑갈라는 만약 이런 식이라면 아직 지혜가 없는 범부에게도 깨달음이 작동해야 하고, 깨달은 자에게도 번뇌가 덮쳐야 한다고 말한다.

생성·지속·소멸을 무상이나 변화의 문제로 한정해서 생각해보자. 한 존재자가 동일한 시간과 공간에서 이런 세 가지 특징을 드러낼 수 있을까. 불가능할 것이다. 아울러 그렇게 된다면 그것은 변화나 무상 개념과 어울리지 않는다. 변화나 무상은 시간이라는 벨트 위에서 가능하기 때문이다. 변화는 멀쩡하게 잘 있다가 어느 순간에 갑작스레 그 모습을 상실하고 마는 것이다. 이것이 일반적인 의미의 무상이다. 어릴 적 바닷가로 소풍 갔을 때 본 초가집. 처음 초가집을 봤을 때, 요즘도 초가집 있구나 생각했다. 몇 년 지나 다시 거기에 섰을 때 돌무더기만 남은 집터를 보고 "무상하구나" 탄식했다. 이런 것이다. 무상을 말하기 위해 우리는 기다림이 필요하다. 아무리 짧은 시간이라도 흘러야 한다.

내가 처음 초가집을 보고 무상하다고 느꼈다면 나는 미래에 대한 상상을 현실에 겹친 셈이다. 비록 상상이지만 난 시간의 두께를 마련했다. 또한 두번째 갔을 때 내가 옛날 그 초가집임을 기억하지 못한다면 무상이라고 탄식하지 못했을 것이다. "아! 돌." 이렇게 보면 무상은 적어도 두 점이 필요하다. 두 지점에서 보인 차이가 바로 무상이자 변화다. 그런데 한 가지 사실만 떠올려 보자. 이 두 지점을 연결하는 선분은 하나라는 사실이다. 다시 말하면 한 지점에서 저기 한 지점으로 달리는 단 한 명의 누군가가 있다. 두 지점을 통과하는 녀석은 동일해야만 우리는 변화니 무상이니 하는 이야기를 할 수 있다.

뚱보라고 나를 놀리던 친구가 30년 만에 나를 보고 너무 말랐다고 걱정을 한다. 풋풋한 여고생 누나를 보고 미소 짓다가 중년을 훌쩍 넘긴 누님을 보고 서러워 눈물 흘린다. 비록 인생무상을 깨닫더라도, 덧없음이 슬프더라도 거기에 꿈쩍도 않는 실체가 도사리고 있다. "이것이 있으므로 저것이 있다"는 연기 공식에서 실체론의 그림자를 본 나가르주나는 생성·소멸 같은 무상의 원리에서도 비슷한 체취를 느낀다. 서울발 부산행 KTX는 동대구 찍고 세 시간 만에 부산역에 도착한다. 참 빠르다. 우리는 여기서 철도 위를 달린 한 기차를 생각한다.

> 생성·지속·소멸이 성립하지 않기 때문에 유위법은 존재하지 않는다. 유위법이 성립하지 않는다면 어떻게 무위법이 성립하겠는가?(『중론』, 「세 가지 특징에 대한 고찰」, 7-34)

나가르주나가 『중론』에서 비판하는 부파불교에서는 존재자를 유위법과 무위법으로 나누었다. 무위법은 조작되지 않는 것으로 불교의 열반 같은 게 해당한다. 이런 것들을 존재로 파악한다. 이것은 유위법과 무위법은 존재와 비존재처럼 한 짝을 이루는 개념이다. 번뇌를 제거하면 지혜인 것과 같다. 그런데 번뇌 자체가 없다면 우리는 어떻게 그것을 제거할까. 아예 시합에 출전하지도 못했는데 어떻게 승리할까. 나가르주나는 여기서도 우리의 대립적 개념을 부순다. 부파불교에서 유위법의 세 가지 특징으로 생성·지속·소멸을 지적했다. 하지만 나가르주나는 그것들이 성립하지 않음을 귀류법을 통해서 논증했다. 유위법이 성립하지 않는다면 그것에 반(反)한 개념인 무위법도 성립하지 않게 된다.

가는 놈은 가지 않는다

'귀경게'에 등장하는 여덟 가지 부정을 기억할 것이다. 네번째 짝이 "오지도 않고 가지도 않는다"[不來不去]이다. 앞서 이 부분을 씨앗과 싹이라는 관계로 설명했다. 이런 '원인과 결과' 도식 말고 '오고 감'을 그야말로 운동의 차원에서 다룰 수도 있다. 『중론』 두번째 품인 「오고 감에 대한 고찰」[觀去來品]인데 여기서 이런 차원으로 오고 감을 다룬다. 이 부분은 흔히 운동 부정으로 묘사된다. 운동 부정이 꼭 적절한 것은 아니지만 그렇다고 결코 쓸 수 없는 표현은 아니다. '원인과 결과'나 '존재나 비존재' 같은 대립 개념이 보인 실체론적 경향은 '오고 감'에도 내장됐다. 어떻게 보면 당연하다. '무상'이나 '변화'라는 사유가 벌써 실체론적 경향을 보이지 않았던가.

> 이미 가 버린 것에는 가는 것이 없다. 아직 가지 않은 것에도 역시 가는 것이 없다. 이미 가 버린 것과 아직 가지 않은 것을 떠나서 지금 가고 있는 중인 것에도 가는 것은 없다.(『중론』, 「오고 감에 대한 고찰」, 2-1)

대단한 선언이지 않은가. 내 눈앞에 빤히 보이는데. 저렇게 뛰어다니는 아이가 보이는데. 하지만 그리 간단하지 않다. '온다'와 '간다'는 말을 생각해 보자. '온다'는 뭔가 한 지점을 향해서 점점 가까워지는 현상이다. '간다'는 뭔가 한 지점에서 점점 멀어지는 현상을 가리킨다. 이 간단한 사실을 두고 우리는 운동한다고 말한다. 제자리 뛰기도 지면에서 멀어졌다 가까워지는 현상의 반복이다. 우리는 이런 사고가 벌써 한 물건과 한 지점을 상정해 놓고 있음을 알 수 있다. 고정된 한 지점에서 가고 한 지점으로 오는 동일한 놈이 필요하다. 순진무구한 운동만을 포착할 수 없다.

또 있다. 시간의 경과다. 무상 개념이 그렇듯 운동도 시간의 경과나 상상이 없으면 성립할 수 없다. 우리는 이렇게 한 사물이 운동한다고 할 때 이미 꽤나 많은 기둥을 박아 놓고 시작한다. 결코 저런 전제 없이 운동을 설명할 수 없다. 약간은 반칙이다. "내가 운동을 설명할 테니 몇 가지는 무조건 믿어라"는 식이다. 물리학을 위해서 신앙이 필요하다는 신비로운 말씀이다. 나가르주나는 저런 깊이 박힌 전제들을 뽑아내면 운동이라는 사고나 관련 판단들은 힘없이 쓰러지고 만다고 설파한다. 한 가지 조심할 것은 우리가 경험하는 저런 현상들을 완전히 무시하려는 의도가 아니라는 점이다.

창문을 열어 보라. 어제 내린 비가 지금 내리고 있는지? 일기예보에 내일 비 온단다. 다시 창문을 열고 보라. 내일 내릴 비가 지금 내리는지? 나가르주나는 '과거는 지나갔기 때문에 존재하지 않고, 미래는 오지 않았기 때문에 존재하지 않는다'고 꽤 믿을 만한 정보를 제공한다. 동의하는가? 동의 안하기 힘들다. 그래 그런 것쯤 양보해 버리자. 그래도 지금 내리는 비는 지금 내리고 있지 않은가. 손등을 두드리는 이 실감을 뉜들 부정할 수 있겠는가. 이것보다

생생한 게 어디 있는가. 그런데 다시 생각해 보자.

우리는 현재가 과거와 미래에 낀 시간임을 안다. 종이에 수평으로 선 하나 긋자. 그리고 그것을 삼등분하는 선을 수직으로 두 개 긋자. <그림 A>처럼 중간 한 덩이가 현재다. 중간에 있는 시간을 현재라고 하면 비도 내릴 만한 여유를 갖지 않겠나. 그런데 가만히 생각해 보자. 현재가 두께를 가질 수 있을까. 적어도 저렇게 시간이 두께를 가지면 다시 과거·현재·미래로 나뉠 수밖에 없다. 『중론』 주석자 핑갈라는 "지금 가고 있는 중인 것은 반은 이미 가 버리고 반은 아직 가지 않은 것"이라고 말한다. 행위의 진행은 시간의 두께를 요구한다. 그런데 현재가 두께를 가지면 그것은 절반은 과거에 속하고 절반은 미래에 속할 수밖에 없다. <그림B>처럼.

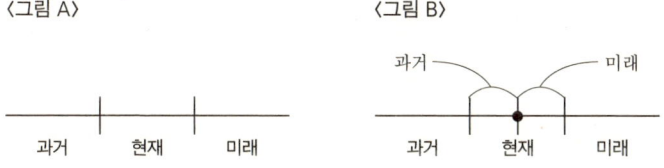

시간 선분 가운데 찍힌 한 점을 현재라고 하면 그것은 정지다. 다시 창문 열고 내리는 비를 핸드폰으로 찍어 보자. 화면에 등장한 그 비가 지금 내리고 있는 비라고 하자. 내리고 있는가. 지금이나 현재라고 하면 세계를 고정시켜야 가능한 개념임을 알아야 한다. 그 정도 되면 비도 결빙되어 멈춰 있을 것이다. 이런 건 비가 아니다.

어떻게 지금 가고 있는 중인 것에 가는 작용이 있겠는가? 가는 작용을 떠난다면 지금 가고 있는 중인 것을 얻을 수 없다.(『중론』, 「오고 감에 대한 고찰」, 2-3)

나가르주나는 '가는 작용'이라는 운동의 실재성을 부정하고자 한다. "지금 가고 있는 놈이 간다"고 한다면 '가고 있는'의 감과 '간다'의 감이 있다. 두 번 내리는 비 꼴이다. 그런데 가는 작용이 둘이라면 왜 안 되나. 나가르주나는 "가는 놈을 떠나서 가는 작용을 얻을 수 없기 때문에 작용이 둘이면 가는 놈도 둘"이라고 말한다. 저 운동장에서 가는 놈 없이 가는 작용만을 보았는가. 빈 트랙을 보고 있다가 세계기록 세웠다고 기뻐할 수는 없는 노릇이다. 아무것도 없는 허공에서 부재를 만끽한 적이 있는가. 여기서도 나가르주나는 작용과 작용자가 분리될 수 없음을 분명하게 지적한다.

「오고 감에 대한 고찰」의 두번째 주제는 운동체와 운동이 맺는 관계다. 나가르주나는 둘이 내속관계에 있음을 분명히 밝힌다. "우리집 복실이가 달린다"는 판단은 복실이라는 운동체와 달린다는 운동을 차갑게 분리시키고서야 가능하다.

'가는 자'는 가지 않으며 '가지 않는 자'도 가지 않는다. '가는 자'와 '가지 않는 자'를 떠나서 어떻게 제3의 가는 자는 없다.(『중론』, 「오고 감에 대한 고찰」, 2-8)

이 게송도 사구판단 가운데 1번과 2번 판단을 제기한다. 두 판단이 부정되면 제3의 방식은 생각할 수 없다고 말한다. 우리는 연습한 대로 '가는 자'가 간다면 두 가지 감이 발생한다고 비판해야 한다. 그런데 운동체와 운동의 관계로 '가는 자가 간다'는 판단을 한번 따져 보자. 이 판단은 '가는 작용'이 실현되기 전에 '가는 자'라는 운동체가 상정되어야 하는데 운동 없이 운동체의 실재를 주장하는 꼴이다. 물에 뛰어들기 전에 수영 선수는 존재하지 않는다. 그가 그 복장으로 수영할지 싸이클 할지 아무도 모른다. 이런 판단은 당연히 작용자와 작용, 주어와 술어, 실체와 속성이라는 근원적인 도식에서 기인한다.

'가는 작용'과 '가는 자'가 같다는 견해도 옳지 않다. '가는 작용'과 '가는 자'가 다르다는 사실 역시 옳지 않다. (『중론』, 「오고 감에 대한 고찰」, 2-18)

이것은 여덟 가지 부정에서도 등장한 '동일하지 않고 상이하지도 않다'는 논법이다. 운동체와 운동은 같다고도 다르다고도 말할 수 없다고 응용한 셈이다. 씨앗과 싹이 동일하지도 상이하지도 않다는 사실을 떠올려야 한다. 운동체와 운동이 동일하다고 하면 행위자[作者]와 행위[作業]가 하나인 꼴이다. 마치 결과가 원인이라고 말하는 격이다. 좀 돌려서 말하면 '과중유인'이다. 과거로서 원인이

미래로서 결과에 있다고 하는 꼴이다. 원인이 미래에 있다는 말이 꽤 멋스러울지는 모르나 논쟁에서는 그렇게 효과적이지 않다. 나가르주나는 그런 식의 주장이 오류임을 증명한다. 핑갈라는 이것은 운동체와 운동이 연기함을 부정했다고 말한다. 찬드라키르티는 "절단이라는 운동과 절단하는 사람이 같다는 말이 되어 불합리하다"고 주석한다. 크게 보면 씨앗과 싹이 동일하다는 방식이다.

그렇다면 '가는 작용'과 '가는 자', 즉 운동과 운동체는 다른가. 나가르주나는 만일 가는 작용과 가는 자와 다르다면 가는 자 없이 가는 작용이 있고, 가는 작용이 없이 가는 자가 있게 된다고 주장한다. 핑갈라는 이렇게 되면 저 둘은 의존하지 않는데, 만약 그렇다면 하나가 소멸하더라도 다른 하나는 존재해야 한다고 말한다. 제22 게송에서는 어찌 됐건 "가는 작용으로 인하여 가는 놈이 있음을 알 수 있다"고 한다면, 미리 가는 자가 있지 않다면 "가는 자가 그 가는 작용을 사용할 수 없다"고 말한다. 이것도 가는 자와 가는 작용을 구분한 경우다.

과거·현재·미래의 몰락

불교에서 무상이나 변화는 사실 사물과 시간의 문제다. 무상은 시간의 흐름에 따른 사물의 변형을 가리킨다고 할 수 있다. 그래서 무상에는 사물과 시간, 이 두 사실이 필요하다. 칸트 식으로 하자면

"시간은 공간과 더불어 경험적 직관을 가능하게 하는 두 가지 순수 형식이다. 공간이 외적 현상들에 대해 제한적으로 사용되는 반면 시간은 모든 현상 일반에 대해 사용된다."(백종현, 『존재와 진리』, 163쪽) 시간이 보다 근본적인 지점에서 작동하는 형식이라고 하겠다. 경험이 가능하려면 바로 시간이라는 형식이 필요하다는 입장이다. '순수'라는 말에 주목해야 한다. 칸트는 사실 이런 것을 두고 인간이 왈가왈부할 필요는 없다고 생각한다. 받고 시작하자는 쪽이다.

시간과 관련하여 『금강경』에 "과거 마음 알 수 없고, 지금 마음 알 수 없고, 미래 마음 알 수 없다"는 구절이 나온다. 한자로는 과거심, 현재심, 미래심 이 셋을 불가득不可得이라고 했다. 여기서 불가득은 인식을 통해서 포착할 수 없다는 말이다. 이와 관련하여 선가에서 전하는 에피소드가 있다. 덕산德山, 782~865이라는 승려가 있었다. 그는 『금강경』을 열심히 연구했는데 당시 일어난 선종 계열 승려들이 불교의 이론적 이해를 무시하는 것에 분개했다. 그래서 그들을 쳐부수려고 길을 가다가 한 고개를 지날 때였다. 시장하던 차에 요깃거리를 파는 노파가 있어 말을 걸었더니 짊어진 걸망에 무엇이 있느냐고 묻는다. 그는 자신 있게 『금강경』이라고 일러준다.

> 『금강경』에는 "과거 마음 알 수 없고, 지금 마음 알 수 없고, 미래 마음 알 수 없다"고 하는데 스님께서는 어느 마음에 기별을 할 것입니까?(원오극근, 『벽암록』, 상, 56쪽)

중국에선 시장기만 살짝 가실 수 있는 군것질거리를 점심點心이라고 한다. 길 가다 먹는 어묵이나 튀김이 이런 거다. 한자 그대로 풀면 '마음에 점을 찍다'이다. 마음에 기별하는 거다. 노파는 저 세 마음 다 포착할 수 없는데 도대체 어느 마음에 기별할 것인가 물었다. 물론 덕산은 대답할 수 없었다. 동네 노파가 그 정도였다. 덕산은 노파가 소개한 선승 용담龍潭에게 호되게 배워 일가를 이뤘다. 선종의 설화가 대부분 그렇듯 사실 여부는 그렇게 따질 필요가 없다. 이런 전설은 선종의 특징을 강조하려는 맥락에서 출현한 이야기다. 수행을 위한 한 가지 소재이다. 이론을 실제 수행이나 삶의 한복판에 던져 보는 실험성이 도드라진다.

나가르주나는 시간관념이 인간의 일상적 경험이나 세계 인식을 위해서 요청됐다는 사실을 인정한다. 그런데 여기까지다. 그는 시간의 진실성을 인정하지 않는다. 이런 입장이 불교 전체를 대변하지는 않는다. 나가르주나가 여러 면에서 대결한 부파불교의 설일체유부에서는 과거·현재·미래라는 세 시간을 인정한다. 그들은 초기불교에서 말하는 무아설이나 무상설을 인과因果라는 차원에서 해명하려 했다. 원인과 결과라는 도식은 시간적 선후와 관련된다. 만약 현재 과거가 실재하지 않는다면 원인은 현재 결과를 내놓을 수 없다. 그렇다면 인과 관계는 성립하지 않을 것이다. 또한 미래가 실재하지 않는다면 현재 존재하는 모든 것은 원인으로 작용할 수 없다.

이런 과정적 실재론을 지키기 위해서 유부에서는 찰나멸을 주장한다. 그들은 유위법은 1찰나^{kṣaṇa}만 현재에 존재한다고 해석한다. 찰나는 불교에서 말하는 가장 짧은 시간 단위이다. 찰나멸은 한마디로 하면 '실재하지만 무상함'이다. 여기서 실재는 찰나로 이루어진 흐름이다. 한 찰나는 전 찰나의 결과이고, 후 찰나의 원인이다. 찰나 상속이라고 할 수 있다. 이렇게 존재자는 지속한다. 과거, 현재, 미래가 모두 실재임을 인정한다. 과거가 실재하지 않는다면 현재(찰나)가 과거로부터 일어날 수 없고, 미래가 없으면 현재 찰나가 미래 찰나를 생성시킨다는 것을 설명할 수 없다.

　나가르주나는 우리가 쉽게 수용하는 무상이나 변화에 대해 이의를 제기하는 데 그치지 않고, 저 개념의 뿌리인 시간에 대해 다시 시비를 건다. 그는 시간은 존재자에 기대고 있을 뿐이라고 생각한다. 그래서 존재자가 부실하면 시간도 사실 한없이 불안한 개념일 수밖에 없다. 그리고 과거·현재·미래는 일종의 인과 개념이다. 과거가 현재를 떠밀었다고 생각하고, 현재가 미래를 초래할 것이라고 생각한다. 그런데 문제는 있다. 현재나 미래가 과거를 인연으로 하여 성립한다면 상이한 시간에 존재할 수는 없다. 둘은 적어도 같은 시간에 있어야 서로 의존할 수 있다. 그런데 과거와 현재가 같은 시간이라면 그 순간 과거와 현재는 생명을 상실하고 만다. 그런 둘이 단절되면 어떨까.

만일 과거 시간을 원인으로 하지 않고서 현재 시간이 있다면 어느 곳에 현재가 존재해야 하나. 미래도 마찬가지다. 어느 곳에 미래 시간이 존재하겠는가? 그러므로 과거의 시간을 원인으로 하지 않으면 미래와 현재 시간이 없다. 이처럼 서로 의존하므로 실제로 시간은 없다.(『중론』,「시간에 대한 고찰」, 19-3, 핑갈라 주석)

핑갈라에 따르면 현재는 과거를 밟고 존재할 수밖에 없다. 이 때문에 만약 과거 시간이 없으면 현재는 아마 천 길 낭떠러지 아래로 추락하고 말 것이다. 발붙일 데가 없기 때문이다. 현재 시간이 제로 상태에서 솟아오르는 게 아니라면 과거 시간과 무관하게 현재가 성립한다는 것은 잘못이다. 그래서 우리는 과거와 현재가 단절됐다고 차마 말할 수 없다. 이런 논리는 여덟 가지 부정에서 먼저 밝혔다. 싹이 씨앗에 있을 수도 없고, 둘이 완벽하게 단절될 수도 없는 난처한 상황을 기억할 것이다. 현재가 과거에 있을 수도 없고, 그렇다고 완전히 모른 척할 수도 없다. 이렇게 되면 우리는 시간 개념을 사용할 수 없다.

정지한 시간은 파악할 수 없다. 정지하지 않은 시간도 파악할 수 없다. 시간을 파악할 수 없다면 어떻게 시간의 특징을 말할 수 있겠는가?(『중론』,「시간에 대한 고찰」, 19-5)

우리는 시침이 도는 원형 판을 12등분 하여 각 등분을 한 시간으로 간주하고 그 속에 시간을 가둔다. 이런 것을 근대적 시간관이라고 나무랄 필요도 없다. 근대 이전에도 이런 경향은 있었다. 시간을 계량화하고 균질화한 예는 무척 많다. 촌음을 말하고, 십이시十二時를 말하고, 나아가 하루, 한 달, 한 해 뭐 이렇게 시간의 두께를 만든다. 어제 한 시간이나 오늘 한 시간은 절대적으로 동일하다. 아무런 질적 차이가 없다. 대승불교뿐만 아니라 부파불교에서도 기본적으로 시간은 존재자의 변형 속에서 포착될 뿐이라고 말한다. 시간은 존재자의 존재와 분리될 수 없다는 견해다. 텅 빈 운동장에서 속도를 느낄 수 없듯 무일물無一物의 공간에서 시간을 감각할 순 없다. 존재자의 감각 없이 붙박인 시간은 죽은 시간이다.

하루 24시간 가운데 매 시간이 얼어붙었다고 생각해 보자. 끔찍하지 않은가. 세계는 바람 한 점 없는 거대한 침묵 속에 빠질 것이다. 이럴 때는 변화고 뭐고 없다. 시간을 뚫고 질주하는 존재자가 불가능하기 때문이다. 잘게 쪼개진 시간의 벽을 넘지 못하고 죽음을 맞는다. 이런 것은 앞서 말한 단절의 시간이다. 그럼 시간이 붙박여 있지 않는다면 어떨까. 아마도 시간은 들쭉날쭉하고, 요리조리 우리의 인식을 벗어날 것이다. 그녀를 향해 던지는 내 시선은 결코 도달할 수 없다. 그녀는 벌써 거기에 존재하지 않는다. 시간이 고정되지 않으면 우리는 결코 시간을 포착할 수 없다. 좀더 근원적인 질문을 던져보자.

존재자를 조건으로 해서 시간이 존재한다면 존재자를 떠나서 어떻게 시간이 존재하겠는가? 존재자도 오히려 존재하지 않는데 하물며 시간이 존재하겠는가?(『중론』, 「시간에 대한 고찰」, 19-6)

태양의 저 육중한 움직임을 통해서 우리는 시간을 감각한다. 어! 해가 떴군. 벌써 점심인가. 노을이 아름답군. 이렇게 하면서 나는 하루를 살았다고 생각한다. 하루는 태양의 이동에 있거나 아니면 육체의 피로감에 있다. 시간은 사물에 귀속되는 듯하다. 시간이 존재하여 사물이 존재하는 게 아니라 사물이 존재하여 시간이 존재한다고 하는 편이 사실에 좀더 가깝다. 나가르주나는 존재자가 본질 없음을 줄기차게 주장한다. 운동을 책임질 운동자를 내세울 수 없다고 분명히 밝힌다.

언어로 무엇을 할 수 있나

주어와 술어
언어도단
선불교의 언어
공은 신비주의인가

• 언어로 무엇을 할 수 있나

주어와 술어

나가르주나가 말하는 공이나 중도는 우주론이나 존재론 차원의 논의가 아니다. 그것은 익숙한 사고에 대한 이의 제기이다. 나가르주나는 밤하늘 저 영롱한 별빛의 출처를 묻지 않았고, 신의 섭리를 알고자 광야를 헤매지도 않았다. 그는 돌아서서 군중 속으로 들어가 세계는 당신들이 보는 대로가 아니라고 외친다. 공이나 중도는 세계를 똑바로 보라는 촉구이다. 우리에게 지금까지 익숙한 사고를 부정하는 과정에서 다시 언어 문제가 솟아오른다. 왜냐하면 실은 언어가 이런 사고를 신체에 새기기 때문이다. 나가르주나는 사구부정을 통해 논리적 오류뿐만 아니라 문법적 오류를 지적한다.

 우리는 일상에서 "비가 내린다" "씨앗에서 싹이 튼다" 등등 무수히 판단을 내린다. 비록 입 밖으로 말을 내뱉지는 않지만 늘 말하고 판단한다. 우리의 사유는 언어와 그렇게 구별되지 않는다. 아이의 언어 습득은 실은 사고 훈련이기도 했다. 여기서 사고 훈련은 논리적 사고나 바른 판단력을 배운다는 게 아니라 정형화된 사고 유형을 습득한다는 말이다. 의식에 홈을 파는 짓이다. 그래서 부파불교나 대승불교 할 것 없이 불교 전체가 언어 사용에 대해 엄청나게 고민했다. 대승불교에서는 언어를 통해서 세계를 분별한다고 말한다. 여기서 분별이라는 말은 말이나 사물 또는 사태를 주위에서 분리시키는 행위다. 주위와 섞이지 않게 오려 내어 그것만으로 드러내는 것이다.

우리는 사유를 다루는 철학이 거의 언어 문제임을 잘 알고 있다. 불교에서는 언어를 부수기도 하고 그것을 이용하기도 한다. 나가르주나도 실은 두 가지 태도를 취한다. 나가르주나는 『중론』에서 언어에 기반하고 있는 우리의 사유를 집요하게 공격한다. 이 공격에서도 불교의 제1원리인 연기법은 적용된다. 나가르주나는 '비가 내린다'는 진술에서 실체론을 본다. 그런데 우리의 일상 언어는 한 개념을 실체로 볼 때야 성립한다. 어떤 사물이나 사태를 무엇으로 명백히 규정하는 것을 정의定義라고 한다. 말이나 사물을 다른 것과 뒤섞이지 않게 온전히 분리하는 행위다. 그래서 언어는 실체론에 기반한다고 할 수 있다.

그런데 나가르주나는 우리가 손쉽게 사용하는 언어가 그렇게 명백하지 않음을 보았다. "비가 내린다." 이 짧은 문장에서 비는 주어이고 내린다는 술어다. 주술관계가 성립한다. 우리가 이런 문장을 순순히 받아들일 수 있으려면 저 주어와 술어는 분리될 수 있어야 한다. 내가 달리려면 '나'라는 행위자와 '달린다'라는 행위를 엄격하게 구분하여 내가 '달린다'라는 행위를 취할 수 있어야 한다. 그 행위를 취할 수 없다면 나는 영원히 달릴 수 없다. 주어와 술어 관계가 성립하지 않기 때문이다. 좀더 심하게 말하면 사유가 불가능할 수도 있다.

사구부정에서 제1구는 "내리는 비가 내린다"이다. 제2구는 "내리지 않는 비가 내린다"이다. 둘은 각각 중복 오류와 사실 위배 오류를 범한다고 말했다. 이런 오류를 범한 이유는 '비'라는 주어와 '내린다'라는 술어를 분리할 수 없음에도 분리시켜서 사용하기 때문이다. 불교적으로 말하면 "비가 내린다"는 진술에서 "주어와 술어가 연기하고 있다."(김성철, 『중관사상』, 129쪽) 철학 용어로는 저 둘은 내속內屬한다. 내속은 어떤 사물이 그것의 속성을 떠나서 존재할 수 없음을 두고 하는 말이다. 비는 내린다는 속성을 벗어나서 존재할 수 없다. 그런데 꼭 내속이 한 방향만은 아니다. 왜냐하면 속성은 활동인데 활동자 없이 활동은 불가능하기 때문이다.

"비가 내린다." 내리지 않는 비를 본 적 없다. 그렇다고 축축한 거 싫으니 방 안에서 비 없이 내림만 감상하겠다고 억지 부려 본들 소용없다. 행위자 없는 행위만을 불러낼 수 없다. 나가르주나는 가는 놈과 가는 행위가 결코 분리될 수 없음을 『중론』 제2품인 「오고 감에 대한 고찰」에서 밝혔다. 이것은 곧바로 언어의 문제다. '비'가 지시하는 게 따로 있고, '내리다'가 지시하는 게 따로 있지 않다. 즉 주어와 술어가 관계하여 의미를 생산할 뿐이다. 주어와 술어가 연기한다는 말이 주어와 술어가 하나로 겹친다는 말은 아니다. 둘이 하나로 겹치면 원인과 결과가 일치될 때처럼 세상에는 아무 일도 일어나지 않는다. 겹치지도 않지만 그렇다고 모른 척할 수도 없다.

현대의 언어 분석과 유사한 방법으로 나가르주나는 모든 단어들이 언어 체계 밖에 있는 어떤 사물을 언급함으로써 의미를 얻는다는 주장을 부정한다. 그는 서술문 속에 있는 단어들, 즉 주부와 술부, 혹은 '행위 하는 사람' '행위' '행위의 대상' 사이의 관계는 오직 실용적인 가치만을 가지며, 존재론적인 상태를 지시하지 못한다고 주장한다. (스트렝, 『용수의 공사상 연구』, 182쪽)

나가르주나가 일상의 언어 사용에서 실체론 경향을 발견하고 그것의 잘못을 지적한 것은 단지 바른 말 사용 캠페인이 아니다. 그는 그런 식의 언어 사용이 우리의 사고를 규정한다고 본다. 형이상학의 문제와 전혀 관련이 없어 보이지만 사실 그것은 형이상학적 상상으로 길을 튼다. 언어는 우리가 감각하지 못하는 새 늘 "존재를 환기시킨다."(마루야마 게이자부로, 『존재와 언어』, 152쪽) 마치 단어의 지시물이 존재하는 것 같다. 우리는 누군가 한 단어를 사용해서 무엇인가를 진술한다고 해서 형이상학적 실체론을 지지한다고 비난할 수 있을까. 나가르주나라면 비난한다.

사실 우리가 책상이라고 호명할 때 그것이 세상에 존재하는 수억 개 책상 각각을 가리키지도 않고, 내가 사용하고 있는 단 하나의 책상을 가리키는 것도 아니다. 우리가 사용하는 책상은 이른바 보편의 것이고, 추상의 것이다. 아무리 삐뚤빼뚤 그려도 삼각형을 알아보는 이유는 그것이 삼각형의 이데아를 지녔기 때문이라고 플라톤은 말했다. 이것이 형이상학과 연관된다. 책상이라 무심히 던지는 말 한마디에도 꽤나 심오한 내력이 있다. 이 내력은 책상이 개념적으로 정의될 때 발생한다.

나가르주나의 『중론』 제5품은 「여섯 범주에 대한 고찰」六種品이다. 산스크리트본에서는 「계dhātu에 대한 고찰」로 되어 있다. 여기서 '계'는 요소 정도로 해석할 수 있다. 중국어에서 계界는 범주範疇라는 말로 사용하기도 한다. 계界나 주疇는 둘 다 밭과 밭을 가르는 두둑을 가리킨다. 이것을 기준으로 소유가 나뉘고, 비슷하지만 다른 게 된다. 나가르주나는 이 품에서 언어 문제를 집중적으로 다룬다. 공간 개념이 과연 성립하는가를 두고 논의한다. 다음은 제5품의 1송과 2송이다. 해석은 가지야마 유이치梶山雄一의 것이다.

공간의 정의[相, lakṣaṇa] 이전에는 어떠한 공간도 존재하지 않는다. 만약 정의 이전에 존재한다면, 그것은 정의되지 않은 것이 된다. 그런데 정의되지 않은 것은 어디에도 존재하지 않는다. 정의되지 않은 것에 정의는 행해지지 않는다. 정의되어 있는 것에 대해서도 행해지지 않는다. 정의되어 있는 것과 정의되지 않는 것과는 별개의 어떤 것에 대해서도 행해지지 않는다.(『중론』, 「여섯 범주에 대한 고찰」, 5-1, 2)

특징이라고 흔히 번역되는 "라크샤나lakṣaṇa는 특징을 부여하는 것으로서 정의, 즉 언어의 의미도 가진다. 라크샤나는 정의되는 것이다."(가지야마 유이치, 『공의 논리』, 101쪽) 특징이 남과 섞이지 않는 자신만의 영역이라고 하면 정의定義와 의미가 겹친다. 우리가 무엇이 존재한다고 할 때, 그 무엇을 다른 것과 구분시키는 행위가 바로 정의이다. 꽃이라 부르는 행위다. 그렇다면 이런 행위를 감행하기 전에 저 꽃은 있었나? 없었다. 나가르주나는 사구부정의 논리를 다시 시작한다. 뭔가를 정의한다고 생각해 보자. 정의된 것을 정의하거나 정의되지 않은 것을 정의하는 두 가지 경우를 상상할 수 있다. 물론 정의된 것을 굳이 정의할 필요는 없다. 꽃을 꽃이라고 하면 아무것도 아니다. "아저씨, 꽃인 거 알고 있거든요." 이렇게 말할 것이다. 정의되지 않은 것은 존재하지 않은 것이다. 존재하지 않는 것을 정의할 수 있을까. 내리지 않는 비는 물론 내리지 않는다. 그 비를 맞아 본 사람이 있을까.

언어도단

인도의 브라만교 전통에서는 언어를 대단히 신성시한다. 그들은 언어가 인간 활동의 산물이라고 생각하지 않는다. 브라만교의 성전인 『베다』^{Veda}는 결코 인간이 기술한 책이 아니라고 생각했다. 그것은 우주의 울림이자 태초의 말씀이었다. 태초의 말씀이 인간의 언어라면 누가 믿겠나. 그래서 "언어를 신격화하고 더 나아가 궁극적 실재인 브라흐만과 언어를 동일시했다."(이지수, 「불교의 언어관」, 『과학사상』 35호, 36쪽) 여기서 언어는 민중들이 사용하는 투박한 속어가 아니다. 그것은 『베다』의 언어인 산스크리트^{Sanskrit}를 말한다. 이것은 "성스럽고 정화된 언어"라는 의미다. 그래서 중국에서는 범어^{梵語}로 번역했다.

바라문 전통에서는 언어로 드러난 의미는 실체라고 간주했다. 우주가 농담할 거라고 생각하지는 않았다. 붓다는 이런 실체론적 언어관을 거부하고 언어는 가상의 형식임을 강조했다. 저 초가집이 연기^{緣起}하듯 언어도 연기할 수밖에 없다. 언어는 때에 따라 변하고, 장소에 따라 또한 의미를 달리한다. 그래서 언어는 임의적일 뿐이다. 나가르주나는 한 문장 내에서 주어와 술어가 연기하고 있음을 간파했다. 뿐만 아니라 단어 하나하나도 구체적 사실을 지시할 수 없다고 말한다. 영영 과녁에 꽂히지 않는 화살인 셈이다. 그렇기에 언어를 붙잡고 거기에 정성을 쏟는 일일랑 말아야 한다.

> 모든 것을 실체로서 받아들이는 일의 소멸은 유익한 것이며, 희론의 소멸이다. 붓다는 어떤 곳에서도 어떤 법에 대해서도 가르치지 않았다.(『중론』, 「열반에 대한 고찰」, 25-24)

불교의 유명한 언설 가운데 "언어도단言語道斷, 심행처멸心行處滅"이라는 말이 있다. 흔히 불립문자不立文字나 교외별전敎外別傳 같은 선가禪家의 언어로 알고 있지만 선종 성립 이전부터 사용된 말이다. 불교 텍스트 곳곳에서 등장한다. 이 말을 글자 그대로 풀면 "언어의 길이 끊기고 생각이 작동하는 영역이 사라졌다"이다. 언어로 추적하다 길이 끊겨져서 어찌지 못하고, 사유로 아무리 밀고 가 보아도 더 이상 발 디딜 곳이 없다. 우리의 언어나 문자는 결국 가명假名일 뿐이다. 간혹 가명이 유용할 수도 있지만 그것만 붙잡고 진실을 찾을 수는 없다. 나가르주나는 존재자가 모두 가명이라고 했다. 심지어 공도 가명이다. 제아무리 꽃이라고 불러 본들 앞에 있는 저 녀석은 꽃이라는 이름이 생면부지다. 가설假說, prajñapti이라는 말도 사용한다. 그렇다고 실명이나 진실이 있는 건 아니다.

> 공은 말할 수 없고, 공 아닌 것도 말할 수 없다. 공과 공 아닌 것이 함께건 함께 아니건 말할 수 없다. 단지 가명으로 설한다.(『중론』, 「여래에 대한 고찰」, 22-11)

언어도단이라는 표현은 불교에서 '사물의 본질'[實相]에 대해 말할 때 자주 사용한다. 또한 '사물의 본질'을 장악하는 상황, 즉 해탈을 묘사할 때도 사용한다. 어떤 개념적 형상을 갖지 않은 것은 언어나 사고를 통해서 포착할 수 없다. 그런데 '언어도단'이라는 말은 꽤 조심해서 사용해야 한다. 이 말이 언어로 표현할 수 없는 어떤 실재를 가리킨다고 생각해서는 안 된다. 그렇게 되면 『노자』에서 말하는 "말할 수 있는 도는 영원한 도가 아니다"는 구절과 별로 다르지 않다. 노자는 비개념적 실재를 염두에 두고 있다. 그에 따르면 비형상적이고 비규정적인 도(道)에서 무궁무진 세계가 펼쳐진다. 그래서 도는 가능성의 응집이자 에너지의 충만이라고 할 수 있다.

불교에서 말하는 '언어도단'은 저런 모호한 세계를 부조(浮彫)하는 게 아니다. 오히려 언어를 통해서 구성한 우리의 의식이나 인식 태도에 문제가 있다고 고발하는 쪽이다. 잘못된 태도를 교정하여 속박에서 벗어난다. 불교의 언어도단은 서양철학 용어를 빌리자면 존재론적 관심이라기보다는 인식론적 관심이라고 하는 쪽이 좀더 정확하다. 사물을 대하는 태도나 언어를 구사하는 태도에 대해 반성을 촉구하는 것이니 말이다. 종교적 차원에서 보면 구원론이나 수행론적인 입장이라고 해도 좋다. 언어나 사유의 속박을 부수고 완전한 자유를 지향하기 때문이다. 나가르주나도 『중론』에서 언어도단을 말한다.

사고가 작용하는 영역이 사라지면 언어의 대상도 사라진다. '존재자의 본성'[法性]은 열반과 마찬가지로 발생하지도 않고, 소멸하지도 않는다. (『중론』, 「자아에 대한 고찰」, 18-7)

위 게송은 산스크리트본 번역을 참고해서 풀었다. 좀 어렵지만 중요한 이야기를 하고 있다. 『중론』에서는 "언어도단, 심행처멸"이 아니라 "심행처멸, 언어도단"이라고 말한 꼴이다. 이렇게 사고가 먼저 등장했다. 한자 심(心)은 산스크리트 칫타citta의 번역이다. 물론 마음으로도 번역되고, 사유 혹은 의식 등으로도 번역된다. 사고가 언어의 조건같이 사용됐다. 사고가 작동하지 않으면 언어가 작동하지 않는다는 식이다. 물론 이렇게 선후로 해석되지만 사실 사고와 언어는 상이한 두 활동이 아니다. 같은 품 제5송에서 나가르주나는 "업과 번뇌는 분별(개념작용)에서 일어나고, 분별은 희론으로부터 일어난다"고 말한다. 이렇게 보면 "희론(언어적 전개)→분별(개념작용)→번뇌·업이라는 인과관계는 나가르주나의 3단계 연기 공식이라고 할 수 있다."(立川武藏, 『中論の思想』, p.246)

여기서 사고(마음)의 가장 주요한 능력은 분별vikalpa이다. 분별은 의식 내외를 막론하고 작동하는 '나'나 '나의 것'에 대한 구분이다. 이런 것을 자의식이라고 할 수도 있고, 집착이라고 할 수도 있다. 바로 실체론적 고집이다. 이렇게 보면 분별은 초기불교 교리인 고·집·멸·도 사성제[네 가지 진리]로 돌아온다. 이 게송이 등장하는 품의 산스크리트본 제목이 「자아ātman에 대한 고찰」이란 점을 상기하자. 자아(아트만)는 '나'와 '나의 것'을 통해서 파악된다. 밖에서 맞고 들어온 아이를 보고 화가 나는 건 내가 내 아이의 인권을 사랑해서가 아니다. '나의 아이'가 당한 해코지가 곧바로 나에게 들이닥치기 때문이다. 그래서 도저히 참을 수 없다. 이렇게 자아는 '나'와 '나의 것'으로 이루어졌다. 분별은 이렇게 끊임없이 자아를 불러내는 행위다.

나가르주나는 실체론적 고집, 즉 분별 때문에 업과 번뇌가 발생한다고 말한다. 이 품 제5송에서 그는 분별이 희론에서 발생한다고 말한다. "업과 번뇌가 사라지기 때문에 해탈이 있다. 업과 번뇌는 분별에서 일어나고 그것은 희론에서 일어난다. 그러나 희론은 공성에서 사라진다." 바로 희론(망상)은 오랫동안 형성된 인간의 습속이다. 여기에는 언어나 의식 모두 포함된다. 외부세계를 포착하고 그런 과정에서 자기를 생산하는 경향이다. 실체론적 경향이라고 해도 좋다. 그런데 실제 이것은 분별로써 작동한다. 언어는 이 모든 과정에 참여한다.

일체는 진실이다. 또한 진실이 아니다. 진실이기도 하고 진실이 아니기도 하다. 진실이 아니고 진실이 아닌 것도 아니다. 이것을 모든 부처님의 가르침이라고 부른다.(『중론』, 「자아에 대한 고찰」, 18-8)

희론(망상)이나 그에 따른 분별은 존재자가 모두 공함을 철저하게 파악할 때 멈춘다. 핑갈라는 희론은 애론愛論과 견론見論 두 가지가 있다고 말한다. 애론은 사물에 대해 집착하는 것이고, 견론은 온갖 편견으로 세상을 바라보는 지적 구속이다. 언어도단이나 심행처멸은 곧 개념적 사유가 멈춘 상태다. 그런데 이런 상황은 침묵한다고 해서 도래하는 것도 아니고, 의식의 능력을 감소시킨다고 해서 되는 것도 아니다. 나가르주나는 『중론』에서 다양한 개념적 사유를 열거하고 그것을 부순다. 번뇌나 지혜, 속박과 열반, 원인과 결과. 이런 것들은 모두 언어의 일부일 뿐이다.

위 게송은 『중론』에서 가장 유명한 구절 가운데 하나인 진실사구眞實四句이다. 지금까지 본 사구부정과 느낌이 많이 다르다. 이것은 사구부정이라기보다는 사구긍정이라고 해야 할 듯하다. 특히 그는 '진실'이라는 말을 갖고 와서 승부를 펼친다. 어쩌면 여기서 사구부정을 한 번 뒤집는다고 해야 할지도 모른다.

선불교의 언어

나가르주나에게서 언어 사용은 근원적으로 불가능한 게 아닐까. 그 자신이 누군가 개념적 사유를 펼치기만 하면 발목 잡으니 말이다. 하지만 그도 말을 한다. 언어를 사용하고 문자를 사용한다. 『중론』의 수많은 게송도 다 말이지 않은가. 그가 사용하는 말은 도구다. 말을 부수는 도구다. 이런 점에서 언어는 나가르주나에게도 유용하다. 그는 『중론』에서 세간의 언어 관습에 기대지 않고서는 진리를 가르칠 수 없다고 실토했다. 나가르주나의 진리는 언어나 분별적 사유를 다 태우고 나서 획득하는 자유일 뿐이다. 언어도단도 이런 맥락에서 등장한다. 나가르주나의 언어 사용법은 이후 불교 발전에 중요한 요소가 된다.

불교 전통 가운데 파괴의 도구로 언어를 사용한 집단은 선종이다. 수많은 선어록禪語錄을 뒤져 보아도 거기에 깨달음의 내용을 기술한 곳은 없다. 만약 그런 게 있으면 가짜일 테다. 오히려 그곳에서 우리는 선사들이 깨달음을 위해서 무엇을 부수고 있는지 볼 수 있다. 선사들의 언어는 우리가 쉽게 빠지는 분별적 사유를 뿌리째 뽑아 버린다. 그들이 활용하는 화두도 모두 그런 역할을 한다. 그래서 일반적인 인식으로 선문답을 이해하면 엄청난 오해에 빠지고 만다. "부처가 마른 똥 막대기"라니. 이 무슨 해괴한 이야기인가. 다음은 간화선看話禪에 대한 이야기인데, 나가르주나의 이야기와 참 많이 닮았다.

이 화두 이야기를 읽고, 자신이 품고 있던 문제가 시원하게 풀릴 것이라고 기대하는 독자가 있다면 실망할 수도 있음을 미리 말해둔다. 화두는 해답을 주기는커녕 문제 자체를 깨끗이 지워 버리거나 소중히 보관해 온 모범답안까지 송두리째 빼앗는 일에서 출발하기 때문이다. 화두는 끈질기게 상대의 뒤를 쫓아 확고하게 터를 잡고 있는 인식의 보금자리를 쳐부수고 그 어디에도 안주할 곳이 없게 하는 철거도구다.(김영욱,『화두를 만나다』, 7쪽)

부처님의 좋은 말씀 들으려고 선어록을 훔쳐볼 필요는 없다. 그러다가 망한다. 나가르주나는 『중론』을 시작하면서 불교의 철칙처럼 보인 "이것이 있으므로 저것이 있다"는 연기 공식을 비판했다. 제행무상의 원리에 시비를 걸어서 과연 존재자가 변화하기는 하는지 생각해 보라고 촉구했다. 여기까지 읽고 "아! 나가르주나가 연기법을 거부했구나! 제행무상 원리를 배격했구나!" 하고 탄식하면 바보다. 나가르주나는 저런 사유를 떠받치는 인식의 토대를 공격하고 있다. 사구부정은 선사의 화두처럼 상대를 진퇴양난의 상황으로 몰아넣는다. 선사의 언어를 만나면 어쩔 수 없이 발가벗고 한데 나서야 한다. 선사들은 우리가 깃든 인식의 집을 부순다.

당나라 때 유명한 선사인 마조馬祖, 709~788에게 등은봉鄧隱峯이라는 제자가 있었다. 그는 스승을 닮아 기세가 대단했다. 하루는 마조와 선문禪門의 쌍벽을 이룬 석두石頭 선사를 무찌르겠다고 길을 나섰다. 석두를 만난 등은봉은 선상禪床을 한바퀴 돌고 석장을 휘두르며 웩 소리 지르곤 "이 도리는 무엇입니까?" 하고 물었다. 천하의 석두는 대뜸 "아이고, 아이고!" 탄식했다. 이를 어쩌나 등은봉은 할 말을 잃고 그냥 푹 쓰러졌다. 기죽어 돌아온 등은봉에게 마조는 "석두가

'아이고!' 하면 너는 '허허!' 하라"고 답을 일러준다. 등은봉은 모범답안지를 들고 석두에게 달려간다. 선상을 냅다 돌고는 이 도리는 무어냐고 다시 물었다. 석두는 "허허!" 했다. 등은봉은 데굴데굴 굴렀다. 세상이 그를 버렸다.

    등은봉은 그냥 당했다. 석두는 등은봉의 물음에 대답하지 않았다. 오히려 그 질문을 부수고 들어가 등은봉을 꽁꽁 묶어 버렸다. 등은봉이 딱하게 됐다. 그야말로 석두는 등은봉의 말을 끊었고, 생각을 끊어서 낭떠러지 아래로 밀어 버렸다. 마조도 공범이다. 둘이서 덫을 치고 놀이를 했다. 등은봉은 치명상을 입고 나뒹굴었다. 여기서 석두의 언어는 언어가 아니다. 사전을 아무리 뒤적거려도 '아이고'나 '허허'의 특별한 의미를 찾아낼 수 없다. 전고典故를 찾으려 애써 노력할 필요도 없다. 석두가 그때 '쯧쯧'이라고 해도 상관은 없다. 어차피 그것은 상대를 때리는 몽둥이 이상 아니기에. 시인은 선사의 언어를 이렇게 말한다.

    친절한 가르침은 가래침 같다. 가래침 뱉듯이 가르친다. 아무것도 받아먹을 수 없도록. (최승호, 『달마의 침묵』, 13쪽)

    역시 시인이라 남다르다. 그렇다. 선사들의 언어는 가래침이다. 그러기에 내뱉고서 뭔가 가르쳤다는 생각이 없다. 붓다의 제자들이라고 붓다의 가래침을 삼키지는 않을 것이다. 말이 아니고 소리에 가까운 선사의 언어는 먹으라고 준 게 아니다. 낯짝에 저 가래침을 맞은 자는 때론 분노하고, 때론 좌절하고, 때론 공황 상태에 빠진다. 왜냐하면 자신의 사고 근거가 송두리째 붕괴되기 때문이다. 도대체 뭘 믿고 살아야 하나. 이렇게 선사의 언어는 알맹이가 없지만 치명상을 입힌다. 그런데 그 말 듣고 피 토하고 쓰러지기만 하면 진도가 안 나갈 것이다. 때론 날이 든 칼날을 슬쩍 피하면서 되돌려주기도 해야 한다. 다시 한번 보자. 당나라 때 활동한 선사 향엄香嚴,?~898이 제자들에게 말한다.

"가령 어떤 사람이 나무에 올라가 입으로 나뭇가지를 물고 손에는 잡을 가지가 없고 다리도 나무를 밟지 못한 채 대롱대롱 매달려 있는데, 나무 아래서 어떤 사람이 '달마 대사가 서쪽에서 온 까닭이 무엇인가'라고 물었다 하자. 이에 대답하지 않으면 그의 질문을 어기는 결과가 되며, 대답한다면 목숨을 잃을 것이다. 바로 이럴 때 어떻게 대해야 할까?"(『무문관』 5칙 ; 김영욱, 『화두를 만나다』, 85~86쪽)

미칠 노릇이다. 대답할 수도 없고, 안 할 수도 없다. 나아갈 수도 없고, 물러설 수도 없다. 있다고 해도 틀리고, 없다고 해도 틀린다. 비는 내리지도 않고, 내리지 않지도 않는다. KTX는 달리는 것도 아니고 멈춘 것도 아니다. 어찌 할 것인가. 답이 있기나 한 건가.

'이런 상황에 어떻게 할래?' 하고 질문 받은 제자들은 할 말이 없어 멍하다. 이때 침묵을 깨고 호두虎頭 상좌가 나선다. "나무 위에 올라가 생긴 일 따위는 따지지 않겠습니다. 나무 위에 올라가기 전 소식을 말씀해 주십시오." 그는 향엄이 던진 질문을 내팽개친다. 호두 상좌는 향엄이 설정한 덫을 부수고 나온다. 향엄은 껄껄 웃는다.

　이렇게 선사의 언어는 그 자체로서 어떤 의미를 가진 게 아니다. 그들의 언어는 단지 도구일 뿐이다. 때론 날카로운 비수 되고 때론 육중한 망치 된다. 급소를 찌르고 막힌 벽을 부순다. 나가르주나가 사구부정이라는 특별한 논리를 동원해서 상대방을 무너뜨렸다면, 선사들은 일상의 언어 습관을 완전히 벗어난 언어를 사용하여 상대방을 궁지로 몬다. 이런 상황이 닥쳤을 때, 언어도단·심행처멸이라는 말을 들먹일 법하다. 선종은 분명 비언어적 말하기를 통해서 수행을 진작시켰다. 선종 역사에서 이런 성격을 가장 잘 보여 준 전통은 간화선이다.

　중국 남송의 선사 대혜大慧, 1089~1163는 간화선을 정립했다. 간화看話는 글자 그대로 풀면 '화두話頭를 본다看'는 의미다. 선가의 말로 하면 '화두를 참구參究한다'는 뜻이다. '참구'한다는 말은 쇠꼬챙이 같은 것으로 한 지점을 뚫을 때까지 파고드는 짓이다. 이때 세상에 딱 점 하나 있다. 화두 대신 공안公案이라는 말도 쓴다. 옛날 선사들과 얽힌 일화에서 이야기 소재를 끌어온다. 예를 들면 조주趙州, 778~897 선사가 개에게도 불성이 있느냐는 질문에 "없다"고 했는데 이것이

유명한 무자無字 화두다. "화두는 일종의 언어이지만 대상을 묘사하는 의미를 지니지 않는다. 간화는 언어의 형식을 갖춘 화두를 참구하는 행위이지만 언어 속에서 의미를 발견하거나 개념 분석, 논리추론 따위를 일삼지 않는다."(변희욱,「대혜 간화선 연구」,88쪽)

간화선의 방법은 이 화두를 들고 거대한 의심을 일으킨다. 자신의 언어와 의식이 이 의심 덩어리[疑團]로 빨려들고 그것이 똘똘 뭉쳐서 도저히 어찌하지 못하는 상황에 직면해야 한다. 팔만 사천 법문이 이 의심 앞에서 고개를 떨구고 삼천대천세계가 이 한 점으로 숨어든다. 간화선에서는 집채만 한 의심의 덩어리가 만들어지고 그것이 자신의 몸과 의식을 온통 삼킬 정도로 크고 절실할 때에야 공부가 시작이다. 떨어지는 낙엽을 보고도 의심을 일으키고 여인의 눈물을 보고도 의심을 일으킨다. 수행자는 어떤 특별한 계기를 만나서 무르익은 의심을 타파한다. 그 기연은 바로 선사들의 언어에 있고, 나가르주나의 논증식에 있다.

공은 신비주의인가

선사들의 말 아닌 말의 쓰임새는 대체 무엇인가. 그 말이 도달하는 곳은 어디일까. 혹시 깨달음이라는 지고지순한 곳인가. 아니다. 저들의 언어는 목적지를 향해 양떼를 모는 목동의 휘파람이 아니다. 저들의 언어는 미래를 기획하지 않는다. 선사들은 상대방이 몸을

숨긴 소굴을 단번에 소탕하고 휙 돌아서서 가버린다. 전리품도 필요 없다. 거기에 뭐 값진 게 있겠는가. 나가르주나가 『중론』에서 행하는 논쟁도 모두 이런 거다. 그는 논증을 통해 생각의 뿌리를 잘라버린다. 때론 두고 있는 판을 뒤집어엎는다. 공이나 중도가 신성한 가치나 우주적 진리를 묘사하는 게 아님을 안다면 이런 방법은 당연하다. 니체가 그랬듯 망치를 들고 하는 철학이다.

불교에서 사실을 기술하는 방식으로 표전表詮과 차전遮詮 두 가지를 제시한다. 한자 전詮은 '가리키다' 혹은 '나타내다'의 의미다. 표와 상대되는 차遮는 차단의 의미다. 우리가 일상에서 행하는 표현이나 지시는 대부분 이 두 가지 중 하나에 해당한다. 표전은 사과를 보고 "바깥은 빨갛고 안은 하얗고 모양은 둥글다"고 표현하는 방식이다. 차전은 바람을 보고 "모양이 없고, 색깔도 없고, 냄새도 없고, 붙잡히지 않는다"고 표현하는 방식이다. 둘은 요즘 말로 긍정적 기술과 부정적 기술이다. 차전은 일종의 배제를 통해서 사실을 전달한다. 나가르주나도 공을 묘사할 때 주로 부정적 기술을 이용한다. 사구부정을 통해서 상대방의 인식 근거를 세상에서 배제해버린다. 불교 논리학에서는 이것을 '아포하'apoha라고 한다.

『중론』의 '귀경게'에서 보았듯 중도나 공은 부정적 형식을 통해서 드러난다. 어떻게 보면 공은 대단히 건전한 개념임에도 일상의 언어를 부순다는 점에서 또한 초월적이다. 하지만 저것을 넘어서서 뭔가 존재한다는 사실에 반대하기 때문에 초월적이지 않다.

결단코 초월적 존재를 인정하지 않는다. 철거는 하지만 재건축은 없다. 아니다. 그 자리도 두지 않는다. 나가르주나에게서는 그렇다. 이런 의미에서 위에서 말한 차전에 전적으로 동의할 수 없다. 왜냐하면 A를 부정한다고 해서 ~A를 인정하는 게 아니기 때문이다. 그에게 부정은 늘 이중부정임을 알아야 한다. 두 손에 칼을 들었다.

하지만 공이 자아를 기반해서 세계를 파악하는 인식의 습관에서 탈출하는 것이기에 특별한 경지로 이해하는 경우도 있다. 언어도단을 마치 신비체험의 일부로 여기는 것이다. 여기서 일종의 신비주의가 호출된다. 하기야 보통 우리가 신비롭다고 하는 것은 상식으로 이해할 수 없고, 언어로 표현할 수 없는 경우다. 어쩌면 "심행처멸, 언어도단"이라는 말이 딱 맞는지도 모르겠다. 미국의 저명한 심리학자이자 철학자인 윌리엄 제임스$^{\text{William James, 1842~1910}}$는 신비주의^{mysticism}의 특징으로 표현 불가능성과 순수이성성 등을 들었다.(금인숙, 『신비주의』, 11쪽) 신비체험은 당연히 표현 불가능하다. 신비라는 말 자체가 일상의 언어로는 파악할 수 없고, 표현할 수도 없는 것을 가리키지 않는가. 그것이 만약 언표 가능하다면 우리는 신비체험을 위해서 숲속이 아니라 도서관을 가면 된다.

윌리엄 제임스가 말한 순수이성성이라는 말은 조금 어려워 보인다. 초월자와 합일함으로써 내면의 신성^{神性}이나 진실함이 명징하게 드러난다는 것이다. 불교 용어로 보면 불성이나 진여^{眞如}가 분명하게 활동한다고 할 수 있다. 그 불빛 하나만 어두운 세계를 밝힌다. 그 빛을 세계와 구분할 수 없다. 나가르주나가 말하는 공이나 중도는 인식 주체로서 나를 세우고, 인식 대상으로 세계를 파악하는 방식을 거부했다. 그래서 마치 주관과 객관의 경계가 무너진 경지를 말하는 듯하다. 그래서 자아를 벗어나 세계와 합일되는 체험처럼 보이기도 한다.

만약 공이나 중도가 주객의 합일 정도라면 신비주의라는 호명에 나가르주나가 그리 언짢아할 필요 없다. 서구인들이 몇몇 종교 형태를 보고서 신비주의라고 할 때 보이는 괴상한 편견을 접어둔다면 신비주의라는 말이 그리 나쁠 것은 없다. 그렇다면 불교에도 저런 정의에 꽤 부합하는 전통이 분명 있다. 그런데 나가르주나의 공이나 중도를 개념적으로만 이해하면 저런 신비주의의 정의와 부합하지 않는다. 붓다의 열반도 마찬가지겠지만 사실을 사실대로 안다는 것이 세계와 합일이라는 우주적인 체험이라고 생각하면 곤란하다. 그것은 불교의 지향을 삶 바깥의 무엇으로 만들어 버리는 결과를 낳는다.

기독교적 의미에서 신비주의는 인간이 신을 만나는 거고, 인도적 의미의 신비주의는 인간이 우주적 실재를 만나는 거다. 요가^{yoga}라는 말을 한자로 번역하면 서로 호응한다는 의미의 상응^{相應}이다. 인간이 수행을 통해서 우주적 실재인 브라흐만을 만나는 행위라고 할 수 있다. 우주적 앎이 열렸다고 할 수 있다. 그렇다면 대승불교에서 말하는 완성된 앎으로서 반야를 거론할 법하다. 나가르주나가 말하는 공이나 중도 개념에 입각하면 자아와 타자라는 도식은 성립할 수 없다. 감각주체로서 주관과 감각대상으로서 객관도 마찬가지다. 반야는 이런 것, 즉 공을 아는 앎이라고 했다.

불교인이 행하는 명상 수행을 신비적 직관이라고 취급할 수도 있다. 물론 그것은 덜컹이는 일상에서는 분명 만나기 힘든 경험이다. 비일상성이라는 측면에서 신비하다고 말할 수도 있다. 요가 수행자의 수행이나 경지를 이성적으로 파악하기란 대단히 곤란하다. 불교 수행도 마찬가지다. 하지만 이런 경험을 모두 신비주의라고 해선 곤란하다. 신비주의라는 말은 일상과 격리라는 모종의 정치성을 띤다. 때론 그런 말이 어떤 경험이나 사고를 일상 바깥으로 밀어내는 효과가 있기 때문이다. 하나님을 향한 간절한 기도를 신비주의라고 하지 않다가 선승의 참선을 보고 신비주의라고 하면 뭔가 꼬인 데가 있음을 알 수 있다. 상식적이고 이성적인 영역이 아니라고 강조하는 것이다.

불교 전체를 두고 "결코 신비주의가 아니"라고 말할 수는 없다. 위파사나 수행을 통해서 도달하는 차원은 꽤나 신비롭다. 수행의 결과로 전생을 본다는 사람도 있고, 수행 중에 몸이 새털처럼 가벼워진다고 말하는 사람도 있다. 이런 진술이 모두 거짓말이라고 치면 모를까 조금이나마 진정성이 있다면 그들은 어떤 특별한 경험을 한 것임에 틀림없다. 그것은 우리가 그 경험에 동의하느냐 하지 않느냐와 별개다. "신비적 경험에서는 보다 깊이 숨어 있는 세계가 우리의 의식에 드러난다. 지금까지 인식되지 않았지만 언제나 그곳에 존재했던 세계이다."(보르체르트, 『초월적 세계를 향한 관념의 역사』, 16쪽) 이런 것을 자기 발견이라고 할 수 있고 범아일여라고 할 수 있다.

열반의 경우 신비라는 말은 제법 어울린다. 그것은 지성이 아니라 직관이나 선정 체험을 통해서야 도달할 수 있다. 이런 점을 인정하기에 불교도 신비주의 색채가 있다고 해야 한다. 하지만 여기까지다. "붓다는 삼매와 지혜를 인정한 것과 무관하게 지각에 의한 형이상학적 실재 또는 초월적 단일성을 가르치지 않는다."(바르마, 『불교와 인도사상』, 306쪽) 신비주의적 요소가 다분하지만 그렇다고 초월자와 만남을 갈구하는 브라흐마니즘이나 우파니샤드 철학과는 다르다. 열반은 저런 초월적이고 절대적인 존재자를 상상하지 않는다. 이런 경향은 대승불교에서도 나가르주나에 와서 훨씬 강조된다.

공은 도달할 수 있는 지점이 아니라고 했다. 공은 사물의 실상이며, 그것이 일종의 태도가 되면 중도이다. 연기나 공, 그리고 중도를 하나의 묶음으로 취급하는 나가르주나의 의도를 간파해야 한다. 직관을 통해서 우주를 만나거나 신을 경험하는 게 아니라 우주나 신을 끊임없이 추상하는 나의 경향을 지우는 과정이다. 저런 습속들이 완전히 힘이 빠지면 우리는 공을 경험했다고 할 수 있을 것이다. 어떤 지대에 진입하는 방식의 신비적 경험을 나가르주나는 경계한다. 그는 분명 '귀경게'에서 망상이 완전히 사라진 상황을 적멸, 즉 열반이라고 했다.

공으로도 윤리를 말한다

두 가지 진리
공의 실천
바라밀 수행과 무아윤리
죽음도 허무하지 아니한가

• 공으로도 윤리를 말한다

두 가지 진리

나가르주나는 『중론』에서 논쟁만 일삼는 것 같다. 그래서 인생을 어떻게 살까 고민하는 사람이 『중론』을 읽으면 "어쩌라구!" 하며 반발할 법도 하다. 분명 그렇다. 거기에는 일상의 행동지침이나 윤리 강령 같은 건 쓰여 있지 않다. 다툼만 있다. 그런데 가만히 생각해 보라. 『중론』에 그런 게 등장하면 얼마나 우스울까. 윤리의식을 포함한 일체 관념을 의심하고 두드려 보고 결국 무너뜨리라고 촉구하는 나가르주나가 인간된 도리를 운운하면 코미디가 된다. 그래도 큰 수레에 중생 가득 실어 저 피안의 세계로 어서 가자고 독려한 대승불교 정신은 어디 간 걸까. 중생 구제를 위해 지옥까지 뛰어들겠다는 지장보살의 서원은 어떻게 됐나. 나가르주나의 논리 앞에 일상의 윤리는 다 소각해야 할 것 같다. 나가르주나에게 이렇게 비난할 수 있다.

> 공의 이치는 인과도 파괴하고 죄와 복도 파괴하고 일체 세속적인 존재를 모두 훼손하고 파괴한다.(『중론』,「네 가지 진리에 대한 고찰」 24-6)

나가르주나의 논쟁 상대가 그에게 던진 말이다. 나가르주나는 『중론』을 시작하면서 '원인과 결과'라는 도식을 파괴했다. 그렇다면 행위에 따라 달리 과보를 받는다는 카르마 이론은 아무짝에 쓸모없는 것인가. 질문자는 아마도 일체가 공하다는 사실을 받아들이면 불교뿐만 아니라 현실세계도 붕괴될 것이라고 두려워한다. 생성과 소멸을 부정하면 "집착의 발생 때문에 고통을 겪고, 수행을 통해서 집착이 소멸하면 열반에 도달한다"는 불교의 최대 가치인 사성제도 파괴되고 만다. 우리는 세속에서 언어생활을 할 수도 없다. 불교의 진리도 세속의 삶도 설 곳이 없다. 어떻게 해야 하나. 질문자는 나가르주나에게 저런 혼돈을 감당할 수 있는지 묻는다.

지구상에 존재하는 종교 가운데 완벽하게 세속적인 삶을 부정하는 경우는 아마 없을 것이다. 세속과 긴장하고 연대하면서 존재하는 게 종교 아닌가. 만약 그렇게 무지막지하게 부정한다면 그건 자살행위다. 붓다는 제자들에게 수행처를 고를 때 마을에서 너무 가깝지 않고, 그렇다고 너무 멀지도 않은 곳이어야 한다고 충고한다. 붓다는 아침마다 마을로 탁발하러 들어가고, 때론 일반인들을 대상으로 설법한다. 홍진세계라지만 불법도 바로 거기서 꽃필 수밖에 없다. 이렇게 진리세계와 생활세계는 손잡고 있다. 그래서 나가르주나는 붓다가 두 가지 진리를 가르쳤다고 생각한다. 한자 용어를 써 보자면 세속제世俗諦와 제일의제第一義諦이다.

세속제는 이름과 형상으로 파악되는 현상적 세계의 진리다. 상대적이고 조건적이다. 언어의 세계 속에서 작동하는 진리라고 할 수 있다. 이에 반해 제일의제는 이름이나 형상, 즉 개념적 체계를 벗어난 진리이다. 이것을 가장 뛰어난[殊勝] 지혜라는 의미로 승의제勝義諦라 명명하기도 한다. 나가르주나가 『중론』에서 주요하게 다루는 내용이 이것이다. 번뇌와 지혜가 다르지 않고, 생사윤회와 열반이 다르지 않다는 전복적인 언사는 바로 이런 맥락에서 출현한다. 둘의 차이를 잘 알아야 한다. 나가르주나는 "두 가지 진리를 구별할 줄 모르면 불법의 심오한 진실을 알 수 없다"(『중론』, 「네 가지 진리에 대한 고찰」, 24-9)고 확신한다. 둘의 관계에 대해 직접 이야기한다.

> 만일 속제에 의지하지 않으면 제일의제第一義諦를 얻을 수 없다. 제일의제를 얻지 못하면 열반을 얻을 수 없다.(『중론』, 「네 가지 진리에 대한 고찰」, 24-10)

나가르주나의 항복 선언이 아니다. 여기서 세속제는 언어를 말한다. 언어를 사용하지 않고, 언어 이상의 것을 가르칠 수 없다는 고백이다. 선사들은 말 아닌 말로써 상대방의 분별을 타파했고, 나가르주나는 논증식을 통해서 상대방의 사유를 전복시켰다. 우리가 일상을 영위하는 세계, 아침에 알람시계의 시간을 확인하면서 곧장 시작되는 세계, 비굴한지 다 알면서도 살아가는 세계. 나가르주나도 말이 지배하는 이 세계의 논리를 인정한다. "나가르주나가 거부한 것은, 논리와 이성의 실용적 가치나 제한된 현상적 타당성이 아니라 실재를 드러낼 수 있다는 그들의 허풍이라는 것이 분명하다. 그는 그러므로 무지와 고통의 손아귀에 한없이 사로잡혀 있지 않도록, 그 무지와 착각을 일깨우고자 했다."(뿔리간들라, 『인도철학』, 105~106쪽)

> 공의 이치가 있기 때문에 모든 존재가 성립할 수 있다. 만일 공의 이치가 없다면 어떤 존재도 성립하지 않는다.(『중론』, 「네 가지 진리에 대한 고찰」, 24-14)

나가르주나는 여기서 다시 뒤집기를 시도한다. "현상의 진리를 지키기 위해서도 일체는 공하지 않으면 안 된다." 해괴한 논리가 아닌가. 핑갈라는 공의 이치가 있기 때문에 세간과 출세간의 일체 법이 모두 성립한다고 말한다. 왜 그럴까. 모든 존재자가 공이 아니라면 어떻게 될까. 공이 아니라면 모든 존재자가 자성自性을 가졌다는 이야기다. 자성을 가진 녀석은 생기지도 소멸하지도 않는다. 어제 없다 오늘 있고, 그리고 내일은 없는 것. 격일로 인간이면

5. 공으로도 윤리를 말한다 · 113

어디 그게 인간인가. 이런 상황에 원인은 다 뭐고 결과는 다 뭔가. 어떤 것이 원인을 가진다면 다른 것에 의지했기 때문에 그것은 벌써 자성 없는 존재다. 거꾸로 자성이 있다는 말은 원인이 없다는 말이다.

죄나 복의 문제도 자성 개념과 관련해서 이야기할 수 있다. 나가르주나는 "만일 모든 존재자가 공하지 않다면 죄나 복을 짓는 자도 없다. 공하지 않다면 그 자성이 확고한데 어떻게 지을 수 있겠느냐"(『중론』,「네 가지 진리에 대한 고찰」, 24-33)고 반문한다. 생각해 보자. 자성 가진 착한 사람이 있다. 그가 좀 나쁜 짓을 했다고 치자. 그렇다고 나쁜 상황이 벌어질까. 나쁜 짓의 결과로 고통이 닥칠까. 더 심한 비유를 들어보자. 신이 약간 이상해져서 나쁜 짓 했다고 하자. 벌 받을까. 결코 그럴 일 없다. 원래 신은 벌을 내리는 자이지 벌을 받는 자가 아니기 때문이다. 나쁜 자성을 가진 자는 착한 일을 할 수 없다. 정의상 불가능하다. 그렇기 때문에 나쁜 자성을 가진 자는 벌을 받을 수도 없다. 왜냐하면 자성 때문에 그렇게 했는데 잘잘못을 따질 수 있는가.

> 만일 공하지 않다면 아직 획득되지 않은 것을 획득할 수 없고 번뇌도 끊을 수 없다. 고(苦)가 모두 사라지는 일도 있을 수 없다.
> (『중론』,「네 가지 진리에 대한 고찰」, 24-39)

이렇게 보면 다시 돌아온다. "어떤 이가 수행해서 깨달음에 도달한다"는 세속의 진리를 지키기 위해서도 공의 이치는 존중돼야 한다. 내가 자성을 가졌는데 뭔가 영 딴판의 것을 획득할 수 있을까. 물 속에서 아가미 호흡하는 물고기가 해변에 나와 일광욕하고 있으면 다른 물고기가 비웃을 것이다. "너 물고기거든. 정신 차려." 자성에 대한 배신이다. 이질적인 무엇을 받아들이는 순간 자성은 혼탁해지고 만다. 반대로 기존의 성질을 버릴 수 있을까. 만약 자성이 있다면 그것을 버릴 수는 없는 노릇이다. 번뇌를 버린다는 사고는 자성을 인정하면 불가능하다. 공의 이치를 인정하지 않으면 세속의 진리도 성립하지 않는다.

나가르주나가 두 개의 진리를 제시했다고 해서 그의 철저함이 후퇴했다고 의심할 수 있다. 부정하려면 끝까지 해야 하는 게 아니냐고 힐난할 수도 있다. 그런데 나가르주나는 처음부터 현상 세계 전체를 부정하려는 게 아니었다. 그는 현상을 부정하고 실재세계로 귀향하는 입구를 찾으려 하지 않았다. 그는 이 세계 속에 살며 온갖 오해를 극복하는 쪽을 선택했다. 이것은 단지 나가르주나의 방법이 아니다. 전체 불교가 이 방법을 따른다. 그래서 그는 궁극적으로 삶을 긍정할 수밖에 없다. 그가 삶을 긍정하는 유일한 논리가 이 두 가지 진리 개념일 것이다. 중국에선 '진속이제'眞俗二諦라는 표현을 자주 썼다.

공의 실천

불교의 교리를 간혹 바다에 비유한다. 불교인들은 팔만 사천 법문이라고도 한다. 불교에서는 팔만 사천 번뇌를 이야기하기도 한다. 붓다의 가르침이 중생의 온갖 번뇌를 퇴치하기 위해서 제시됐다는 사실을 감안하면 저 둘의 관계를 이해할 수 있다. 퇴치는 다양한 방식으로 진행된다. 그래서 불교 텍스트 상호 간 차이가 크다. 때론 불교적 가치를 드러내기나 하는 건지 의심스러운 텍스트를 만나기도 한다. 이런 상황을 아는지라 불교 내부에서는 대해일미大海一味라는 말을 쓴다. 아무리 넓은 바다도 한 맛이라는 것이다. 대단히 혼란해 보이는 온갖 이야기가 사실은 한 말씀이라는 주장이다. 불교 교리에 대해서 나름 안전장치를 마련해 둔 셈이다.

불법이 비록 한 맛이라지만 그래도 불교 경론은 상이한 성격을 띤다. 주인공도 다르고 대화의 대상도 다르다. 교리체계도 다양하다. 『중론』의 경우 초기불교 경전에서 자주 만나는 붓다의 도덕적 이상 같은 것은 아예 보이지 않는다. 오히려 삭막하기 그지없는 논증식만 나열된다. 선정 수행의 심오한 경지를 기술하여 우리를 유혹하지도 않는다. 『중론』은 지적 속박에 대한 강력한 공격이 우선이다. 공이나 중도 개념도 마찬가지로 속박을 부수는 도구임에 틀림없다. 그래서 얼른 보기에 개인 문제로 한정된 듯하다. 하지만 결코 그렇지 않다. 나가르주나는 인간이 세계와 어떻게 관계해야 하는가에 대해 다루고 있다. 그는 인간이 사물을 대하고 세계를 만나는 방식을 전환하려고 한다. 나가르주나가 시도하는 공이나 중도의 실천은 일종의 시선 교정이다.

공이나 중도의 실천적 형식은 『중론』보다는 『금강경』이나 『유마경』 같은 대승경전에서 더 잘 드러난다. 『중론』은 이런 경전을 철학적으로 압축했을 뿐이다. 압축 과정에서 살가운 이야기는 대부분 빠졌다. 그래서 공의 실천을 이해하려 할 때 『중론』보다는 반야계 대승경전을 펼치는 쪽이 좀더 수월하다. 초기 반야경에 해당하는 『금강경』의 온전한 이름은 『금강반야바라밀다경』이다. 금강 vajra 은 암석이나 금속을 절단할 때 사용하는 다이아몬드를 말한다. 어떤 번뇌도 끊어 버릴 수 있다는 자신감이 가득하다. 또 금강은 금강저(金剛杵)의 의미로 하늘을 반으로 쪼개며 떨어지는 번개를 가리키기도 한다. 그래서 금강반야는 번뇌나 그릇된 분별을 부수는 벼락 같은 지혜다.

『금강경』은 공이라는 표현을 사용하지 않고 '머물지 않음'[不住, apratiṣṭhita]이라는 개념을 제시한다. 『금강경』에 등장하는 '부주'不住나 '무주'無住는 같은 개념이다. 그렇다면 머묾은 무엇인가. 여기서 머묾[住, pratiṣṭhita]은 오고 가다가 우두커니 서 있다는 말이 아니다. 우리의 의식이 습관적으로 한 곳에 엉긴다는 이야기다. 매달린다고 해도 좋다. 『금강경』에서는 특징[相, lakaṣaṇa]이라는 말로 표현했다. TV나 영화를 보다 한 장면 혹은 한 배우에 꽂혔다. 그 이미지에 배우의 모든 행위가, 심지어 영화 전체가 빨려든다. 달리 말하면 쑤셔 넣는다. 때론 배우 자신도 한 이미지에 갇혀 빠져 나오지 못하고 허우적 댄다. 보통 2류 배우가 이렇다.

특징은 어떤 사물의 정체성 같은 것이다. A를 B가 아니라 A라고 할 수 있는 녀석만의 성격이다. 우리는 사물을 인식하면서 끊임없이 이것을 찾아댄다. 우리의 인식은 "넌 바로 이거야" 하면서 상대를 규정하는 과정이다. 머묾이란 이런 행위다. '머물지 않음'은 이런 태도를 극복하는 것이다. 실체화하는 습속에 대항한다고 말할 수 있다.『금강경』에서는 이렇게 말한다.

그렇기 때문에 수보리야, 모든 보살마하살은 반드시 이와 같이 (어디에도 얽매이지 않는) 청정한 마음을 내야 한다. 형색에 머물지 않고 마음을 내야 하고, 소리·냄새·맛·감촉·관념에 머물지 않고 마음을 내야 한다. 반드시 어디에도 머무는 바 없이 마음을 내야 한다.[應無所住而生其心]

'머물지 않음'[不住]은 아무것도 하지 않는다는 말이 아니다. 우린 끊임없이 행위한다. 아침에 눈뜨고 양치질하고 학교 가고 회사 간다. 붓다가 이런 것도 하지 말고 집에서 벽만 보고 가만 앉아 있으라고 말하진 않는다. 나가르주나는 우리가 마음을 내지만 마음을 한 곳에 가두지 말라고 일러준다. 불교에서 그렇게 자주 쓰는 '무심'이라는 말도 이런 거다. 붓다가 탁발하러 가는 장면을 수행자는 이렇게 푼다. "이때 부처님의 걸음 속에는 반야바라밀만 깃들어 있습니다. 반야바라밀 속에서 차례로 걸어가십니다. '반야바라밀로 걷는다'는 말은 '들뜬 마음과 분별하는 마음이 모두 사라진 상태로 걷는다'는 말입니다."(정화, 『함께 사는 아름다움』, 17쪽) 걷고 있지만 고요하다.

『금강경』과 달리 『유마경』은 공이나 중도를 재미난 일화로 설명한다. 주인공인 유마維摩거사는 꾀병을 부려 붓다 제자들이 문병하도록 유도한다. 그들은 한사코 문병가길 꺼린다. 왜냐하면 모두 유마거사에게 당한 적이 있기 때문이다. 문병을 권하는 붓다에게 제자들은 자신의 상처를 소개한다. 적어도 『유마경』에서는 일반 불교도인 유마가 붓다 제자보다 훨씬 고수로 등장한다. 초기불교에서 붓다의 가장 뛰어난 제자로 묘사된 사리불. 하지만 대승경전인 『유마경』에서 그들의 권위는 무너진다. 한때 사리불이 나무 아래서 열심히 좌선하고 있었다. 유마거사가 사리불을 보고 어슬렁어슬렁 다가온다. 합장 인사하곤 낮은 목소리로 몇 마디 건넨다.

> 사리불이여, 앉는 것만이 꼭 좌선은 아닙니다. 성자의 깨달은 경지를 버리지 않으면서도 범부의 온갖 성품을 나타낼 수 있는 것을 좌선이라고 합니다. 마음이 안에 머물지도 않고 밖으로 행하지 않는 것을 좌선이라고 합니다. 생사를 버리지 않는데도 번뇌가 없고, 열반을 성취했더라도 그 열반에 머물지 않는 것을 좌선이라고 합니다.(장순용 옮김, 『유마경』, 「제자품」, 57쪽)

재미난 장면이다. 여기에 공이나 중도의 윤리적 형식이 고스란히 드러난다. 또한 보살 정신이 기대고 있는 중관철학의 모습도 드러난다. 유마거사는 '좌선'이라는 한 사건에서 그것이 본래 가진 이미지를 박탈해 버린다. '본래 가졌다'는 말도 적절하지는 않겠지만 적어도 그것의 특징으로 취급되는 것을 부정한다. 그런데 여기서 그치지 않고 거기에 좀더 많은 의미를 부여한다. 불교에서 성자는 깨달은 자가 분명하다. 유마거사는 그런 자가 범부의 온갖 성품을 가지고 있다고 말한다. 그는 이렇게 성자의 특징[相]을 부순다. 반대도 마찬가지다. 하이에나가 백수의 왕자 사자한테 가서 "너 안에 나 있다"고 일러준다. 사자는 단번에 무너진다.

마음이 안에 머물고 있지도 않고 그렇다고 밖을 향해 달려 나가지도 않는다. 일신의 영광을 위해 홀로 내면으로 침잠하지도 않고, 그렇다고 중생 구한다며 설치고 다니지도 않는다. "당신 눈에는 자신과 다른 중생이 보이는가?" 하고 질문할 수도 있다. 이때 '보인다'고 답하면 곧바로 미끄러진다. 번뇌가 없다는 건, 업을 짓지 않기 때문에 윤회하지 않는다는 의미다. 그런데도 생사윤회를 버리지 않는다. 해탈을 부정할 뿐만 아니라 생사도 부정한 꼴이다. 『중론』에서도 '생사가 곧 열반'이라 했다. 이중 부정이자 부정적 동일성이다. 『금강경』의 논의를 가져오면 이것은 '머물지 않음'이다.

대승불교의 보살 정신은 이렇게 공성에 기반한다. 초기불교의 해탈 개념으로 보면 붓다는 다시 태어나지 않는다. 쉽게 말하면 중생이 있는 곳으로 되돌아오지 않는다. 그런데 대승불교의 보살은 깨달은 자임에도 생사윤회로 뛰어든다. 하지만 그것은 결코 희생이 아니다. 깨달음이나 번뇌는 모두 공하고 그래서 보살에게 지옥도로 뛰어드는 게 자기 상실이거나 자기 환희일 수 없기 때문이다. 보살 정신은 불교의 지상 과제인 해탈 개념을 뒤집는다. 주체적으로 윤회를 선택한다. 그리고 끝없이 중생을 만난다. 성자는 세속을 벗어나지 않지만 그렇다고 세속이지도 않다.

바라밀 수행과 무아윤리

붓다는 분명 윤리적 이상이 있었다. 인간이나 동식물에 대한 태도를 보면 쉽게 알 수 있다. 세속 사람들이 짊어져야 할 사회적 책임 같은 것도 인정했다. 붓다뿐이겠나. 대승불교도 마찬가지다. 하지만 출가자에게는 출가자의 윤리를 요구했다. '출가'가 무엇인가. 종교적 이상을 실현하고자 세속 삶에서 탈출하는 짓 아닌가. 그래서 출가자의 윤리는 세속의 윤리와 결렬할 수밖에 없다. 출가자는 가족 부양을 거부한다. 경제활동도 거부한다. 아마 이 정도만 해도 충분히 비난받을 만하다. 사회를 유지하는 기본적인 활동을 거부한 셈이다. 조선의 유학자들이 그토록 불교를 공격한 것도 명목상은 불교가 반사회적이라는 이유에서였다. 물론 불교의 한쪽을 과장한 결과다.

대승불교가 공사상을 설파한다고 해서 개인이나 사회 윤리를 저버린 건 아니다. 불교가 '삶이 고해'라고 말한다고 해서 집단자살을 조장하지도 않았다. 그것은 대충 살지 말라는 충고이다. 『중론』을 읽고 나가르주나가 개인 윤리나 사회 윤리를 전면적으로 거부했다고 이해하면 곤란하다. 물론 『중론』에서 정교한 윤리질서를 찾는다는 건 무리다. 사회질서를 개인의 내면까지 관철시킨 성리학 같은 정교한 윤리학은 그곳에 없다. 공사상에서 충효忠孝니 예禮니 하는 건 기본적으로 불가능하다. 하지만 대승불교도 윤리에 대해 고려한다. 그들도 궁극적으로 앎을 긍정한다. 보살 정신에서 나타나듯 공은 윤리학의 철학적 기초다. 유마거사는 이렇게 말한다.

> 몸이 덧없음 보여 주어도 몸을 싫어하라 권하지 말며, 몸이 고통임을 보여 주어도 열반 속에 즐기라고 권하지 말며, 몸이 무아라 보여 주어도 중생을 성숙시키라고 권하지 말며, 몸이 고요히 비어 있음을 보여 주어도 궁극적으로 적멸만을 닦으라 권하지 말며, 전에 지은 죄를 참회하는 것은 보여 주어도 죄가 이전된다는 것을 설하지 말며. (장순용 옮김, 『유마경』, 「문수사리의 병문안」, 109쪽)

여기서 중요한 점이 드러난다. 어쩌면 대승불교 윤리의 핵심일 수도 있다. 무엇을 극복할 것인가 하는 문제이다. 사바세계가 괴롭다고 해서 세상 모든 사람을 증오하라고 가르치는 것도 아니고,

육체에서 발생하는 욕망이 싫다 하여 육체를 혐오할 수는 없는 노릇이다. 이런 것들은 종말론이나 자해로 귀결할 뿐이다. 성욕을 못 이겨 자신의 성기를 절단한 사건이 있었다. 이런 상황을 극단적으로 과장해 보면 열반을 위해서 자살을 시도하는 경우다. 그것은 문제를 해결하는 것이 아니라 회피하는 방식이다. 문제의 한복판에서 그 문제를 적나라하게 해결해야 한다. 수행이 감각의 무능을 추구하는 게 아님을 알아야 한다.

불교가 삶의 기술이라는 점을 고려하면 유마거사의 저 말을 좀더 분명하게 이해할 수 있다. 지은 죄를 뉘우치게 할 일이지, 그 죄 때문에 영원히 고통에 휩싸일 거라고 위협해서는 안 된다. 그런 건 한 인간을 그가 지은 죄 속으로 온통 가둬 버리는 짓이다. 그렇게 되면 그는 어떤 관계도 구성할 수 없다. 유마거사가 말하는 공의 윤리는 이렇게 한 존재자를 열어 둔다. 한 인간, 한 행위, 한 감정. 모두 해당한다. 한 존재자가 '열린 관계' 속에 작동하도록 한다. 공은 이런 상황을 초래하는 철학적 계기다. 죄인이 죄인으로 갇히면 그에게 더 이상 뭐가 있을까. 그는 영원한 어둠 속에 놓일 것이다.

굳이 스피노자의 윤리학 개념을 빌리지 않더라도 공의 윤리는 자기 극복을 통한 능력의 신장을 지향한다. 불교에선 '선과 악'의 구분은 강렬하지 않다. 대승불교에선 더욱 그렇다. 선종의 선사들은 악을 버리듯 선도 버려야 한다고 굳이 말한다. 불교에서 말하는 선과 악은 도덕적 판단의 결과가 아니다. 깨달음이라는 종교적 이상을 실현하는 데 적합한 행위인가 아닌가 하는 판단에서 기인한다. 불살생의 원칙을 보고 유학자들은 아마 반사회적이라고 했을 것이다. 제사 지내려면 애꿎은 소나 돼지 잡아야 하고, 사문난적에게는 사약도 내려야 하고, 오랑캐와 전쟁도 해야 하니 말이다. 불교의 윤리는 사회적 원리에 지배되지 않고 오히려 종교나 수행이라는 원리에 종속된다.

붓다는 집착의 소멸이 종교적 완성이라고 했다. 바로 그때 고통은 완전히 사라진다고 했다. 아마도 가장 큰 집착은 '자기'일 것이다. 부처가 부처에 갇히고 중생이 중생에 갇히면 끝이다. 그래서 '무아의 윤리'라는 표현을 쓸 수도 있다. 나가르주나는 무아의 지혜를 말한다. "만일 자아가 존재하지 않는 것이라면 어떻게 '나의 것'이 존재하겠는가? '나'와 '나의 것'이라는 생각이 없어지므로 무아의 지혜를 얻었다고 말한다."(「자아에 대한 고찰」, 18-2) 지혜의 획득은 능력의 신장이다. 이 능력은 자신을 다루는 기술이다. 무아의 지혜를 말한다고 해서 그것을 획득한 사람을 상상하면 곤란하다. 『금강경』에서는 "위 없는 바른 깨달음을 내는 어떤 실체도 참으로 존재하지 않기 때문"(「바른 믿음 참으로 드물다네」)이라고 말한다. '깨달은 자'라는 알맹이를 남겨서도 안 된다.

초기불교나 대승불교에서 불교 윤리를 훈련하는 방법으로 제시한 것이 바라밀pāramitā이다. 바라밀은 '완성'이나 '건너다'[度]는 의미가 있다. 초기불교에서는 보시, 지계, 인욕, 정진, 선정, 반야(지혜) 등 여섯 바라밀을 제시했다. 흔히 6바라밀 혹은 육도六度라고 부른다. 대승불교에서도 이것을 그대로 수용하지만 여기에 공사상을 투여한다. 공을 실천하는 구체적 방법처럼 보이기도 한다. 대승경전에서는 불교인이 견지해야 할 실천덕목으로 육바라밀을 강조한다. 특히 보살은 이 여섯을 철저하게 실천해야 한다. 『금강경』에서는 얽매임 없는 보시布施를 강조한다.

> 또한 수보리야, 보살은 대상에 얽매임 없이 보시해야 한다. 형색에 얽매이지 않고 보시해야 하며, 소리·향기·맛·접촉·마음의 대상에 얽매이지 않는 보시를 해야 한다. (『금강경』, 「미묘한 활동은 얽매임이 없고」)

앞서 『금강경』에는 공이라는 표현이 등장하지 않는다고 말했다. 공이라는 다소 추상적인 어휘가 아니라 '머물지 않음'[無住, 不住]을 개념적으로 사용한다. 공을 행위로 전환했다. 흔히 '무주상보시'無住相布施라는 말을 사용한다. 『금강경』에서는 형상 등 여섯 가지 인식 대상에 대해 얽매이지 않고, 보시해야 한다고 말한다. 내가 누군가에게 밥 한끼 대접한다고 하자. 그 사람, 그리고 식사 내용, 나의 뿌듯함 등등. 이런 것들이 내게 남으면 보시이긴 하겠지만 무주상보시일 수는 없다. 침전물이 생겼기 때문이다. 그것이 결정체가 되면 보시라는 특징[相]이 된다.

사실 무주상보시는 그렇게 쉽지 않다. '익명의 독지가'도 마음 한켠에선 뿌듯함이 있을 테니 말이다. 이렇게 보면 『금강경』에서 말하는 보시는 자신을 완전히 지워야만 가능하다. 그런데 여섯 바라밀을 수행의 입장에서 보면 자기를 버리는 훈련이라고 할 수 있다. 얽매이지 않는 보시는 '나'와 '나의 것'이라는 생각을 없애는 과정이다. 공을 설하는 대승경전에는 "나는 한 법도 설하지 않았고, 한 중생도 제도하지 않았다"는 표현이 곧잘 등장한다. 불법을 가르치는 것을 '법보시'라고 한다. 가장 위대한 보시이다. 그런데 붓다는 법보시하지 않았다고 말한다. 심지어는 "불법은 불법이 아니"라고 말한다. 붓다는 분명 실천했다. 엄청난 세월 설법하고, 중생을 제도했다. 하지만 그것을 자기 것으로 가지지 않았다.

지계持戒도 마찬가지로 자기 극복 프로그램이라고 할 수 있다. 계는 불교인이 지켜야 할 생활 규범이라고 할 수 있다. 큰 것도 있고, 작은 것도 있다. 살생하지 않는 것, 음식을 조심하는 것, 말소리를 조심하는 것 등등. 이런 행위는 신체의 능력을 향상시키는 과정이다. 의식의 안정이나 번뇌의 척결을 위한 예비 동작이라고 할 수 있다. 지계는 자신을 훨씬 높은 수준으로 끌어올린다. 일상화한 습속에 순응해서는 불가능하다. 새벽 3시에 일어나 예불 드리는 것은 아무리 아침형 인간이라도 쉽지 않을 것이다. 새벽마다 자신을 극복하느라 고군분투해야 한다. 고행이 맞다.

이렇게 육바라밀은 모두 자신의 신체와 의식을 변형시키는 방법이다. 초기불교식으로 하자면 그것은 무아를 실천하는 방법이다. 무아를 훈련하는 방식이라고 할 수도 있다. 선정禪定바라밀이나 정진精進바라밀은 명상을 통해서 공을 신체화하는 작업이다. 수행자는 명상 과정에서 의식 밑바닥에 일고 있는 자기의식을 발견하고 그 녀석과 싸운다. 자칫하면 녀석이 수행자를 압도한다. 슬그머니 멈추고 싶다. 하지만 수행자는 결코 밀리지 말고 다투어야 한다. 이것을 정진精進이라고 한다. 이런 각고의 노력으로 의식과 신체에 깃든 습속을 온통 바꾸어야 한다.

『유마경』에서는 이것을 "보살이 길 아닌 길을 따를 때 비로소 온갖 불법을 성취하는 길을 따르는 것"이라고 말한다. 지옥 중생이 지옥의 길만 가고, 인간이 인간의 길만 가고, 보살이 보살의 길만 가면 그곳은 무덤이다. 육바라밀의 마지막인 반야바라밀은 바로 나가르주나가 시도하는 일체 존재자가 공임을 분명히 아는 것이다. 여기서 안다는 것은 행위나 판단에서 그것을 실현한다는 말이다. 연기를 몸소 실천한다고 말할 수도 있다. 다섯 바라밀은 결국 공을 실현하는 방법으로서 반야바라밀에 귀속한다.

죽음도 허무하지 아니한가?

나가르주나는 『중론』 첫 구절에서 삶과 죽음을 부정한다. '불생불멸'이라고 했다. 세상이 닫혀 버리는 듯하다. 하지만 일상의 인간은 삶을 부여잡고 죽음을 두려워해야 한다. 인간만 아니라 살아 있는 모든 것이 본능적으로 그래야 한다. 삶이 뭔지 죽음이 뭔지 모르는 핏덩이도 엄마가 얼마나 힘든지 일 초도 고민 않고 엄마의 일부를 강탈한다. 눈도 뜨지 못한 여섯 마리 강아지는 더 실한 젖꼭지를 차지하려 경쟁한다. "난 경쟁이 싫어요!" 하며 잘난 척하는 녀석은 며칠 뒤 몰골이 말이 아닐 테다. 존재자는 존재하기 위해서 몸부림친다. 이런 걸 두고 생명력이니 욕망이니 하는 모양이다. 이때 이기나 이타라는 말을 꺼내는 자가 있으면 가서 침을 뱉어도 된다. 살려고 하는 것에 대해서는 생명을 부여한 자도 간섭할 수 없다. 줬다 뺏는 것도 범죄다.

불교도 저 숭고한 생명력을 존중한다. 어떤 가치체계보다 생명에 대해 민감한 불교가 아닌가. 붓다의 한 제자가 명상할 자리를 정리하면서 도끼로 나뭇가지를 쳐 낸 적이 있었다. 나무에 사는 정령이 붓다에게 와서 고통을 호소했다. 붓다는 제자를 불러 초목을 함부로 대하지 말라고 당부한다. 공空을 말하는 대승불교나 불생불멸을 가르치는 나가르주나라고 해서 달라질 건 없다. 불교의 언설은 선원들을 바다로 뛰어들게 하는 인어의 노랫소리가 아니다. 팔만 사천 법문은 죽음의 기술technique이 아니라 삶의 기술이다. 하지만 붓다는 저 생명력이 다가 아님을 안다. 자기 살겠다고 남의 허벅지를 덥석 베어 물 수는 없는 노릇이다.

우리는 때론 생명체의 본성을 과장하기도 한다. 우리가 존재의 이유처럼 아끼는 가치나 관념을 나가르주나는 거의 빈정대는 수준으로 비판한다. 어른 된 우리는 젖병을 찾는 게 아니라 일용할 가치나 신념을 찾게 된다. 누구는 신과 합일을 염원하고, 누구는 국가의 발전을 갈망한다. 그들에게는 도달해야 할 진실한 세계가 있다. 그것이 인생의 깃발이 되었다. 나가르주나는 저 깃발 내리라고 말한다. 펄럭이는 깃발만큼 우리는 높이 날아오를 수 없다고 말한다. 아마 이런 말도 했을 것이다. "우리는 깃발 없이도 살 수 있다." 나가르주나가 보기에 오히려 저 깃발이 우리 삶을 왜곡하고, 사실을 날조한다. 근대인들은 이런 나가르주나를 보고 니힐리즘에 사로잡혔다고 할 것이다. 신을 죽인 니체는 일찍이 서구인들의 형이상학을 이렇게 비판한다.

> 실재 세계. 도달할 수 없고, 증명할 수 없고, 약속할 수 없으면서도 하나의 위안으로 생각될 때조차 하나의 의무이며 하나의 명령인 세계. …… 우리는 실재 세계를 없애 버렸다. 무슨 세계가 남아 있을까? 보이는 세계일까? 아니다. 실재 세계와 함께 보이는 세계도 없애 버렸다.(니체, 『우상의 황혼』, 41~42쪽)

우상 파괴자 니체는 실재 세계를 없애 버린다. 그는 실재 세계를 경배하는 것을 수동적 니힐리즘이라고 했다. 그럼 능동적 니힐리즘도 있을 듯한데. 나가르주나도 니체와 마찬가지로 실재 세계는 날조(가설)되었다고 선언한다. 그렇다고 현상 세계가 전부도 아니다. 초기불교가 인생고를 말하기 때문에 분명 염세적인 종교로 보일 것이다. 니체의 말을 빌리면 염세적 니힐리즘으로 보일 법도 하다. 불교에 염세성이 전혀 없다고 주장하지는 못한다. 이 세계가 진흙탕 같다고 여러 차례 말했다. 불교가 턱없이 희망을 말하지 않았다는 것은 분명한 사실이다. 그렇다고 세상을 등지라고 꾀지도 않았다.

중국의 문호 루쉰은 한때 절필했다. 하루는 친구가 찾아와 그래도 글을 써야 하지 않겠냐고 조언한다. 루쉰은 어찌해도 희망을 말할 수 없는 상황에서 잠에 취한 듯 몽롱한 사람들을 깨우지 못하겠다고 말한다. 입에 물릴 뭐라도 있어야 자는 애를 깨우지 않겠는가. 그러다가 루쉰은 마음을 고쳐먹고 『광인일기』를 썼다. 그는 말한다.

> 절망은 허망하다. 희망이 그러함과 같이. (루쉰, 「희망」; 다케우치 요시미, 『루쉰』, 119쪽)

나가르주나도 루쉰처럼 희망도 거짓이고 절망도 거짓이라고 말한다. 니체식으로 하자면 근거 없이 희망을 퍼뜨리는 자는 수동적 니힐리즘이고 세상에 대한 결벽증에 빠진 자는 염세적 니힐리즘일 것이다. 나가르주나는 아예 둘 다 부정하기 때문에 거대한 니힐리스트이다. 니체는 니힐리즘에 더욱 철저할 것을 요구했다. 그것이 "니힐리즘의 자기극복"이자 능동적 니힐리즘 운동의 촉진이다.(진은영, 『니체, 영원회귀와 차이의 철학』, 40쪽) 나가르주나는 삶과 마찬가지로 죽음도 공으로, 비실체로 보기 때문에 거기에 빠지지 않는다. 이 때문에 또 다른 방식의 긍정이 발생한다. 삶이 공하듯 죽음도 공하고 허무하다. 그런데 이 허무 속에 길이 있다. 찰나멸을 연구하는 어느 학자는 죽음 극복의 비법을 이렇게 일러준다.

> 무상을 정시하지 않으면 안 된다. 무상으로부터 도피해서도 안 된다. 무상에 투철함으로써 비로소 실체화된 죽음의 공포가 무상화되는 것이다. 무상은 무상에 의해서 무상하다. 죽음을 두려워하고 비탄하고 걱정하는 것은 자연스런 일이다. 그렇지만 죽음에 대한 불안과 공포가 너무나 직접적이게 되면 죽음이 거기에 없다. (타니 타다시, 『무상의 철학』, 31쪽)

여기서 무상은 누가 죽어서 느끼는 상실감이 아니다. 공(空)이라고 불러도 된다. 삶도 무상하고 죽음도 무상하다. 삶과 죽음이 손 맞잡고 있음을 나가르주나는 일찍이 설파했다. 생의 환희에 자신을 가두지도 말고, 죽음의 공포로 자신을 위협하지 마라. 환희와 공포를 가르는 경계는 없다. 그런데도 하나는 환희고 하나는 공포일 수가 있는가. "무상은 무상에 의해 무상하다." 죽음은 공하기 때문에 실체론적인 공포에 빠져들 필요가 없다는 말이다. 죽음에서 거짓 이름으로서 '죽음'만 본다. 딱 그만큼만 본다. 우리는 일상에서 이런 실험을 한번씩 해봐도 된다.

중국 불교 역사에서 이렇게 삶과 죽음의 국경선이 불탄 장면이 있다. 중국 동진시대 승려 법현은 399년 장안을 떠나 서역 여행을 시작한다. 그는 돈황 옥문관을 벗어나 타클라마칸 사막에 접어든 상황을 이렇게 묘사한다.

> 사하(沙河)에는 악귀와 열풍이 자주 출몰한다. 그것을 만나면 아무도 무사할 수 없다. 하늘에는 나는 새 한 마리 없고, 땅 위론 달리는 짐승 하나 없다. 아무리 둘러봐도 아득할 뿐 어디로 가야 할지 방향 알 길 없다. 오직 죽은 이의 마른 해골로 표지를 삼을 뿐이다. 열이레 동안 대략 천오백 리쯤 걸어서 선선국鄯善國에 도착했다. (법현, 『법현전』(불국기), 11~12쪽)

법현은 시간과 생명이 멈춘 공간을 뚫고 있었다. 세상에 한 사람만 걷고 있는 듯하다. 죽음의 공간에서 그가 길을 찾을 수 있었던 것은 다름 아니라 누군가의 죽음 때문이다. 모래 바람에 때론 묻히고 때론 허옇게 드러난 잊힌 죽음이야말로 입 없이 말하고 있었다. 길이 끊어진 듯 하면 저 앞에 또 한 죽음을 발견한다. '불국佛國 만km→' 그리고 또 한 걸음. 고승 법현은 저 표지판이 반가웠을까.

가다 길이 끊기면 이제 자신이 표지판 하나 세워야 하는데, 한 자락 바람에 그것도 묻히면 어떡하나.

그렇다면 앞쪽에 누운 죽음은 희망이고 자신이 세울 죽음은 절망일까. 아마도 작열하는 태양에 그런 사념은 대부분 타버렸을 것이다. 오로지 걷고 있을 뿐이다. 법현은 이런저런 말이 없지만 저 몇 줄에 천오백 리 무심한 발걸음이 다 있다. 살아 있다고 즐겁다 하지 않고, 쓰러진다고 한탄하지 않는다. 사막에서 죽은 자와 산 자는 별로 다르지 않다. 나가르주나의 말을 빌리면 모두 공할 뿐이다. 법현은 타니 타다시_{谷貞志}의 말대로 무상을 정시_{正視}한 게 아닐까. 이렇게 나가르주나의 이야기가 사막에선 알쏭달쏭하지 않다. 당장 닥치는 일이기에. 한 시인은 구법승 법현의 사막길을 이렇게 노래한다.

> 나그네는 마지막 징검다리의 몇 걸음 앞에다 자기 뼈를 남기고
> 그런 식으로 만리_{萬里}를 가야
> 사막을 횡단하는 나그네 하나 생긴다
> 물방울이 빈도_{頻度}로써 바위를 뚫듯
> 만인의 징검다리가 길 하나를 뚫었지만
> 아으, 바람과 안개
> 다시 만인분의 뼈를 남겨야 사람 하나 횡단시킬 수 있다
> 아니다 이번엔 사람이 먼저 죽고 낙타가 길을 건넜다

건넌 사람 아무도 없으므로 사막엔 길이 없다 한없이

뼈는 별. (김중식, 「물방울은 빈도로써 모래를 뚫지 못한다」 중, 『황금빛 모서리』, 84~85쪽)

그래 구법승의 사막 여행은 '징검다리 놓기'다. 뼈 하나 뼈 둘. 사막에서 뼈는 뱃사람을 인도하는 밤하늘의 별 같다. 그래서 시인은 뼈는 별이라고 했다. 뼈 셋 뼈 넷. 바위에 꽂히는 물방울처럼 죽음은 사막에 길을 뚫는다. 허나 어쩌나. 무심한 바람은 다시 죽음으로 놓은 저 길을 지운다. 결국 죽음을 쌓아 희망을 만들지 못한다. 그 죽음이 묻히면 다시 길 없는 사막이다. '아으, 어쩌나.' 다시 징검다리 놓기 시작. 별을 가렸다 구름을 탓하지 않듯 바람은 죄 없다. 무심한 발걸음 또 시작이다. 법현도 그랬고, 삼장법사도 그랬다. 사막에 선 그들은 생을 염원하고 죽음을 기피하지 않았다. 나가르주나에게 배우지 않았던가. 죽음도 허무함을. 그들은 허무의 한복판을 걸었다.

참고한 책들

가지야마 유이치, 『공의 논리』, 정호영 옮김, 민족사, 1990.
금인숙, 『신비주의 : 요가, 영지주의, 연금술, 수피주의』, 살림, 2006.
길희성, 『인도철학사』, 민음사, 1993.
김성철, 「용수의 중관논리의 기원」, 동국대학교 대학원 박사학위논문, 1996.
김성철, 『중관사상』, 민족사, 2006.
김성철, 『중론, 논리로부터의 해탈 논리에 의한 해탈』, 불교시대사, 2005.
김영욱, 『화두를 만나다 : 깨달음을 부수는 선』, 프로네시스, 2007.
김중식, 『황금빛 모서리』, 문학과지성사, 2006.
김형준 옮김, 『팔천송 반야바라밀다경』, 담마아카데미, 2003.
깔루빠하나, 『나가르주나』, 박인성 옮김, 장경각, 1994.
다케우치 요시미, 『루쉰』, 서광덕 옮김, 문학과지성사, 2003.
마루야마 게이자부로, 『존재와 언어』, 고동호 옮김, 민음사, 2002.
모리미키 사부로, 『불교와 노장사상』, 오진탁 옮김, 경서원, 1992.
무르띠, 『불교의 중심철학』, 김성철 옮김, 경서원, 1995.
백종현, 『존재와 진리 : 칸트 순수이성비판의 근본문제』, 철학과현실사, 2008.
법현, 『법현전』(불국기), 이재창 옮김, 동국대학교 역경원, 1980.
변희욱, 「대혜 간화선 연구」, 서울대학교 대학원 박사학위논문, 2005.
브루노 보르체르트, 『초월적 세계를 향한 관념의 역사』, 강주헌 옮김, 예문, 1999.
비슈와나스 프라사드 바르마, 『불교와 인도사상』, 김형준 옮김, 예문서원, 1996.
뿔리간들라, 『인도철학』, 이지수 옮김, 민족사, 2006.
아리스토텔레스, 『형이상학』, 김진성 역주, 이제이북스, 2007.
야스이 고사이, 『중관사상연구』, 김성환 옮김, 문학생활사, 1988.
야지마 요키치, 『공의 철학』, 송인숙 옮김, 대원정사, 1992.
용수보살, 청목 주석, 구마라집 한역, 『중론』, 김성철 옮김, 경서원, 1993.
원오극근, 『벽암록』 상, 백련선서간행회 옮김, 장경각, 2005.
이연숙 엮음, 『아함경』, 시공사, 1999.
이지수, 「불교의 언어관」, 『과학사상』 35호, 범양사, 2000.
장순용 옮김, 『유마경』, 시공사, 1997.
전재성 역주, 『금강경』, 한국빠알리성전협회, 2003.
정화, 『함께 사는 아름다움, 금강경 반야심경 풀이』, 시공사, 1998.

진은영, 『니체, 영원회귀와 차이의 철학』, 그린비, 2007.
최승호, 『달마의 침묵』, 열림원, 1988.
타니 타다시, 『무상의 철학』, 권서용 옮김, 산지니, 2008.
프레드릭 스트렝, 『용수의 공사상 연구』, 남수영 옮김, 시공사, 1999.
프리드리히 니체, 『우상의 황혼/반그리스도』, 송도 옮김, 청하, 1998.
허항생, 『노자철학과 도교』, 노승현 옮김, 예문서원, 1995.
立川武藏, 『中論の思想』, 法藏館, 1994.
定方晟, 『空と無我』, 講談社, 1990.